**斯维导图**

# 会计专业技术中级资格考试辅导用书·财务管理



斯尔教育　组编

斯维导图

電子工業出版社
Publishing House of Electronics Industry
北京 · BEIJING

**图书在版编目（CIP）数据**

财务管理 / 斯尔教育组编. -- 北京 : 电子工业出版社，2025. 3. --（会计专业技术中级资格考试辅导用书）. -- ISBN 978-7-121-49777-3

Ⅰ. F275

中国国家版本馆CIP数据核字第20256WK509号

责任编辑：张春雨
印　　刷：天津鸿景印刷有限公司
装　　订：天津鸿景印刷有限公司
出版发行：电子工业出版社
北京市海淀区万寿路173信箱　　邮编：100036
开　　本：787×1092　1/16　　印张：6.5　　字数：266千字
版　　次：2025年3月第1版
印　　次：2025年3月第1次印刷
定　　价：34.00元

凡所购买电子工业出版社图书有缺损问题，请向购买书店调换。若书店售缺，请与本社发行部联系，联系及邮购电话：（010）88254888，88258888。

质量投诉请发邮件至zlts@phei.com.cn，盗版侵权举报请发邮件至dbqq@phei.com.cn。

本书咨询联系方式：faq@phei.com.cn。

# 目录

# 使用指南

新 新增内容

变 变动内容

● 背诵和记忆内容

● 关键词句

提示性、拓展性内容

# 第一章 总论

（考 3 ~ 4 分）

## 总论

### 企业与企业财务管理

#### 企业的定义

依法设立的，以营利为目的，运用各种生产要素，向市场提供商品或服务，实行自主经营、自负盈亏、独立核算的法人或其他社会经济组织

#### 企业及其组织形式

（1）个人独资企业

（2）合伙企业

（3）公司制企业

| 维度 | 有限责任公司 | 股份有限公司 |
| --- | --- | --- |
| 设立时的股东人数 | 1 ~ 50 名股东 | 1 ~ 200 名发起人 |
| 股权表现形式 | 权益总额不等额划分。<br>股权以投资人所认缴的出资额来表示 | 权益总额等额划分。<br>股权以持有多少股份表示 |
| 股权转让限制 | 需股东会或董事会通过 | 可依法转让 |

（4）对比

个人独资企业的缺点：无限责任 + 有限生命 + “两难”
公司制企业的优点：有限责任 + 无限生命 + “两易”

| 组织形式 | 非法人 | | 法人 |
| --- | --- | --- | --- |
| | 个人独资企业 | 合伙企业 | 公司制企业 |
| 责任承担 | 无限责任 | 普通合伙人：承担无限连带责任。<br>有限合伙人：以其认缴的出资额为限承担责任 | 以其认缴的出资额为限承担责任 |
| 组建成本 | 低 | 中 | 高 |
| 纳税问题 | 个人所得税 | 个人所得税或企业所得税 | 个人所得税（股东）+ 企业所得税 |
| 代理问题 | 不存在 | 很少 | 存在 |
| 所有权转让与外部融资 | 难 | 较难 | 容易 |

#### 企业财务管理的内容

（1）投资管理：决定筹资的规模和时间

（2）筹资管理：筹资是基础，筹资数量制约投资规模。筹措的资金通过有效投放，才能实现筹资的目的

（3）营运资金管理：投资和筹资需要依赖资金的营运

（4）成本管理：贯穿投资、筹资与营运活动的全过程，渗透在每个环节之中

（5）收入与分配管理：影响以上各个方面

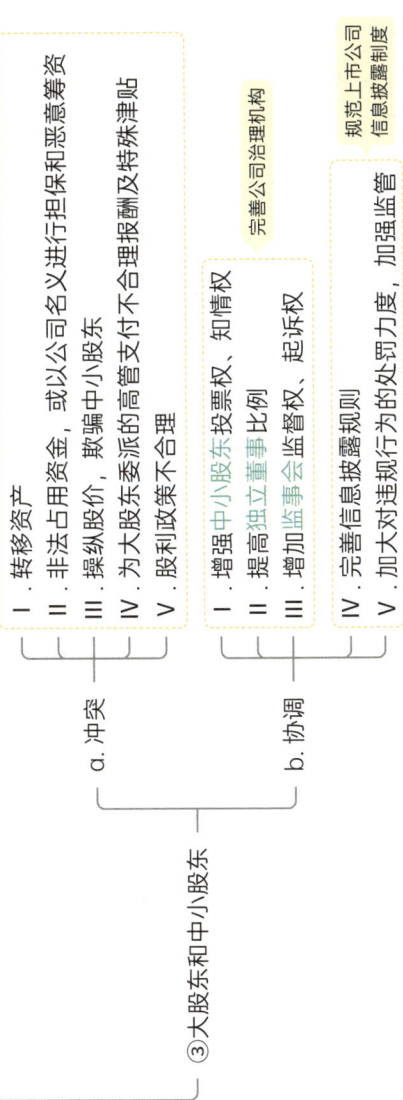

## 财务管理目标

- 企业财务管理目标
  - (1) 利润最大化
  - (2) 每股收益最大化
  - (3) 股东财富最大化：核心和基础
  - (4) 企业价值最大化
  - (5) 相关者利益最大化
  - (6) 对比

| 对比维度 | 时间价值 | 风险问题 | 长期与短期 | 其他 |
|---|---|---|---|---|
| 利润最大化 | × | × | 短期 | 未考虑投入 |
| 每股收益最大化 | × | × | 短期 | 考虑了投入 |
| 股东财富最大化（股价最大化） | √ | √ | 长期 | a. 更多强调股东利益，对其他相关者利益重视不够。<br>b. 股票价格受众多因素影响 |
| 企业价值最大化 | √ | √ | 长期 | a. 价值替代了价格。<br>b. 过于理论化，不易操作 |
| 相关者利益最大化 | √ | √ | 长期 | 依然强调股东的首要地位 |

- 利益冲突与协调
  - (1) 委托代理
    - ①所有者和经营者
      - a. 冲突
        - Ⅰ. 所有者：代价小、收益多
        - Ⅱ. 经营者：报酬高、风险小
      - b. 协调（“胡萝卜 + 大棒”）
        - Ⅰ. 解聘：通过所有者进行约束
        - Ⅱ. 接收：通过市场进行约束
        - Ⅲ. 激励：如股票期权、绩效股

          这里的干扰项通常为“统一提高工资”或“提高固定工资”。需要注意的是，与其绩效直接挂钩的报酬才符合激励的协调措施
    - ②所有者和债权人
      - a. 冲突
        - Ⅰ. 改变举债资金用途
        - Ⅱ. 举借新债
      - b. 协调
        - Ⅰ. 限制性借债
        - Ⅱ. 收回借款或停止借款
    - ③大股东和中小股东
      - a. 冲突（大股东利用其控制权通过各种方式侵害中小股东利益）
        - Ⅰ. 转移资产
        - Ⅱ. 非法占用资金，或以公司名义进行担保和恶意筹资
        - Ⅲ. 操纵股价，欺骗中小股东
        - Ⅳ. 为大股东委派的高管支付不合理报酬及特殊津贴
        - Ⅴ. 股利政策不合理
      - b. 协调
        - 完善公司治理机构
          - Ⅰ. 增强中小股东投票权、知情权
          - Ⅱ. 提高独立董事比例
          - Ⅲ. 增加监事会监督权、起诉权
        - 规范上市公司信息披露制度
          - Ⅳ. 完善信息披露规则
          - Ⅴ. 加大对违规行为的处罚力度，加强监管

- **总论**
  - **财务管理目标**
    - 利益冲突与协调
      - （2）社会责任
        - ①对员工的责任
        - ②对债权人的责任
        - ③对消费者的责任
        - ④对社会公益的责任
        - ⑤对环境和资源的责任
        - ⑥遵从政府管理、接受政府监督的责任
  - **财务管理原则**
    - 系统性原则（首要出发点）
      - （1）筹资管理
      - （2）投资管理
      - （3）营运资金管理
      - （4）成本管理
      - （5）收入与分配管理
    - 风险权衡原则
    - 现金收支平衡原则 — 财务管理贯彻的是收付实现制，而非权责发生制
    - 成本收益权衡原则
    - 利益关系协调原则
  - **财务管理环节**
    - 财务预测
      - （1）定性预测（营销员判断法、专家判断法、产品生命周期分析法等）
      - （2）定量预测（指数平滑法、加权平均法、回归直线法等）
    - 财务决策 — 是财务管理的核心
    - 财务计划
    - 财务预算
      - （1）固定预算与弹性预算
      - （2）增量预算与零基预算
      - （3）定期预算与滚动预算
    - 财务控制
    - 财务分析
    - 财务考核

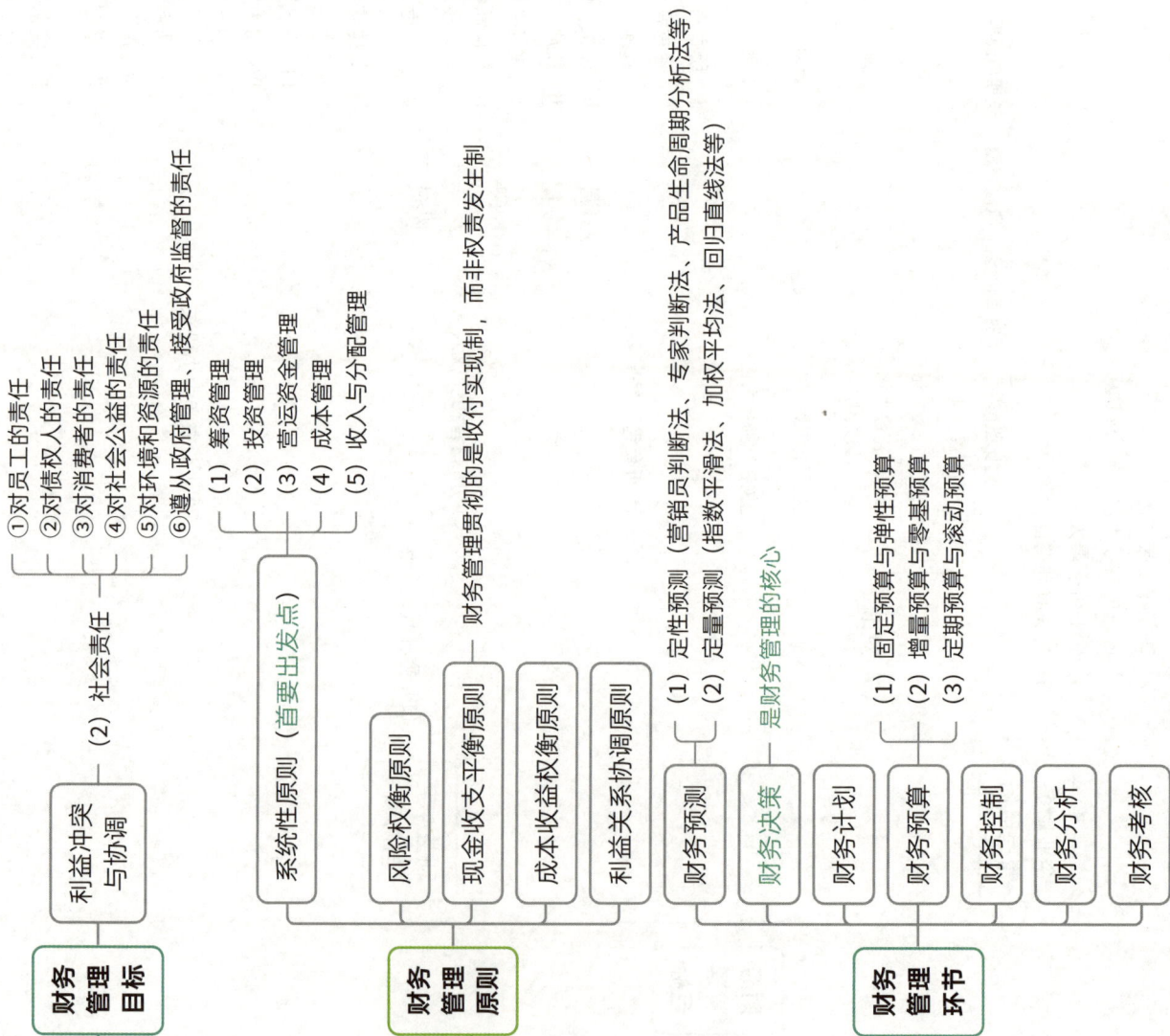

# 财务管理体制

## 企业财务管理体制的一般模式及优缺点

- （1）集权型
  - ①优点
    - a. 降低成本与风险，使决策统一化
    - b. 内部优化配置资源，实行内部调拨价格
    - c. 内部避税，防范汇率风险
  - ②缺点
    - a. 各单位缺乏主动性、积极性，丧失活力
    - b. 失去适应市场的弹性，丧失市场机会
- （2）分权型
  - ①优点
    - a. 及时作出有效决策
    - b. 分散经营风险
    - c. 促进管理、财务人员成长
  - ②缺点
    - a. 各单位缺乏全局观念
    - b. 导致资金分散、成本增大、费用失控、利润分配无序
- （3）集权与分权相结合型
  - ①特点 — 实质上是集权下的分权
    - Ⅰ. 重大问题的决策和处理：实行高度集权
    - Ⅱ. 日常经营活动：有较大的自主权（分权）
  - ②优缺点
    - a. 吸收了集权型与分权型的优点
    - b. 避免了集权型与分权型的缺点
    - c. 具有较大的优越性

## 影响企业财务管理体制集权与分权选择的因素

大多数情况下选择集权，除非出现“内忧外患”的情况：
（1）内忧：管理层素质低、信息网络系统差
（2）外患：环境复杂

- （1）企业生命周期→初创阶段（经营风险高）→集权
- （2）企业战略→业务联系密切→集权
- （3）企业所处市场环境
  - ①复杂多变→分权
  - ②相对稳定→集权
- （4）企业管理层素质→素质高→集权

  这里的干扰项通常为“基层员工的素质”，请注意辨析
- （5）信息网络系统→传递信息及时准确→集权
- （6）企业规模
  - ①规模小→集权
  - ②规模大→根据需要重新设置规划

  企业规模大，不一定只采用集权或分权模式，需要重新设置规划

## 总论

### 财务管理体制

#### 企业财务管理体制的设计原则

- （1）与现代企业制度的要求相适应的原则
- （2）明确企业对各所属单位管理中的决策权、执行权与监督权相互制衡的原则
- （3）明确财务综合管理和分层管理思想的原则
- （4）与企业组织体制相适应的原则（按照集权程度排序，U 型＞ M 型＞ H 型）

#### 集权与分权相结合型财务管理体制的实践

- （1）应集权：7 项
  - ①制度制定权
  - ②筹资、融资权
  - ③投资权
  - ④用资、担保权
  - ⑤固定资产购置权
  - ⑥财务机构设置权
  - ⑦收益分配权
- （2）可分权：4 项
  - ①经营自主权
  - ②人员管理权
  - ③业务定价权
  - ④费用开支审批权

“经营人员的业务费”

分权实践共 4 项，着重记忆分权实践部分即可，用排除法确定集权

### 财务管理环境

#### 技术环境

#### 经济环境

- （1）经济体制
- （2）经济周期

| 内容 | 复苏 | 繁荣 | 衰退 | 萧条 |
|---|---|---|---|---|
| 厂房设备 | 增加厂房设备，实行长期租赁 | 扩充厂房设备 | 停止扩张，出售多余设备 | 建立投资标准（如固定资产投资标准） |
| 人力资源 | 增加劳动力 | 增加劳动力 | 停止扩招雇员 | 裁减雇员 |
| 存货储备 | 建立存货储备 | 继续建立存货 | 削减存货，停止长期采购 | 削减存货 |
| 产品策略 | 开发新产品 | 提高产品价格 | 停产不利产品 | — |
| 市场策略 | — | 开展营销规划 | — | 保持市场份额 |
| 管理策略 | — | — | — | 放弃次要利益，压缩管理费用 |

- （3）经济发展水平
- （4）宏观经济政策

- (5) 通货膨胀水平
  - ①对企业财务的影响
    - a. 投资、日常营运角度 — 资金占用增加→资金需求增加（买东西更贵）
    - b. 筹资角度
      - Ⅰ. 利率上升→筹资成本增加（融资贵）
      - Ⅱ. 有价证券价格下跌→筹资难度增加（融资少）
      - Ⅲ. 资金供应紧张→筹资难度增加（融资难）
    - c. 利润分配角度 — 利润虚增，资金因利润分配而流失（赚的多，分的多）
  - ②应对措施
    - a. 初期（主动出击，锁定成本或价格）
      - Ⅰ. 进行投资
      - Ⅱ. 签订长期购货合同
      - Ⅲ. 取得长期负债

      这里的干扰项通常为“签订长期销货合同”。看到“签合同”，一定要看清楚是购货还是销货，只有签订长期的购货合同，才能锁定住价格
    - b. 持续期（被动防御，多收钱，少花钱）
      - Ⅰ. 采用比较严格的信用条件
      - Ⅱ. 调整财务政策（如降低股利分配率），减少企业资本流失

## 金融环境

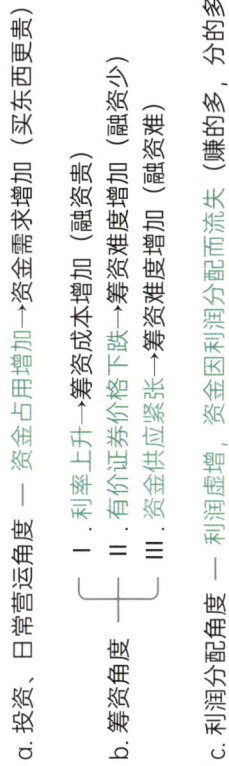

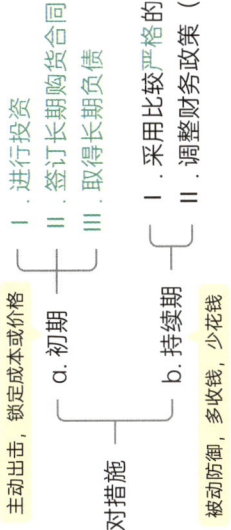

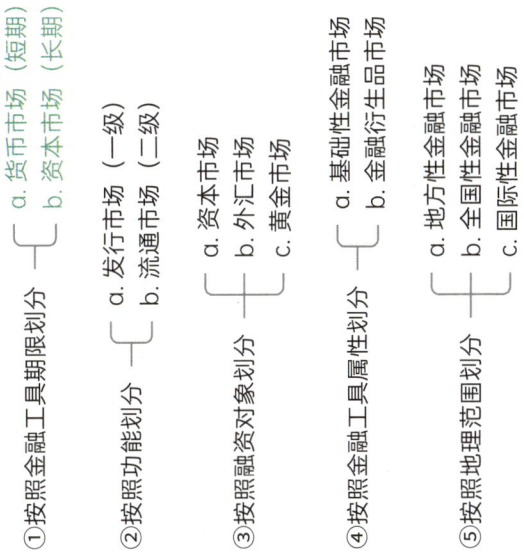

- (1) 金融机构
- (2) 金融工具
  - ①类型
    - a. 基本金融工具：货币、票据、债券和股票等
    - b. 衍生金融工具：远期合同、期货合同、互换合同和期权合同等
  - ②特征 — 流动性、风险性、收益性（不包括“稳定性”）
- (3) 金融市场
  - ①按照金融工具期限划分
    - a. 货币市场（短期）
    - b. 资本市场（长期）
  - ②按照功能划分
    - a. 发行市场（一级）
    - b. 流通市场（二级）
  - ③按照融资对象划分
    - a. 资本市场
    - b. 外汇市场
    - c. 黄金市场
  - ④按照金融工具属性划分
    - a. 基础性金融市场
    - b. 金融衍生品市场
  - ⑤按照地理范围划分
    - a. 地方性金融市场
    - b. 全国性金融市场
    - c. 国际性金融市场

总论

财务管理环境

金融环境 —— (4) 货币市场与资本市场的比较

| 对比维度 | 货币市场——"短""快" | 资本市场——"长""大" |
| --- | --- | --- |
| 特征 | a. 期限短。<br>b. 交易目的是解决短期资金周转。<br>c. 金融工具有较强的"货币性"，具有流动性强、价格平稳、风险较小（短期利率波动小）等特征 | a. 融资期限长。<br>b. 融资目的是解决长期投资性资本的需要。<br>c. 资本借贷量大。<br>d. 收益较高但风险也较大（利率波动大） |
| 典型举例 | a. 同业拆借市场。<br>b. 票据市场。<br>c. 大额定期存单市场。<br>d. 短期债券市场。<br>提示：历年真题中还提及了银行承兑汇票 | a. 债券市场。<br>b. 股票市场。<br>c. 期货市场（商品期货、金融期货）。<br>d. 融资租赁市场。<br>提示：历年真题中还提及了优先股、可转换债券、银行长期贷款 |

法律环境

笔记区

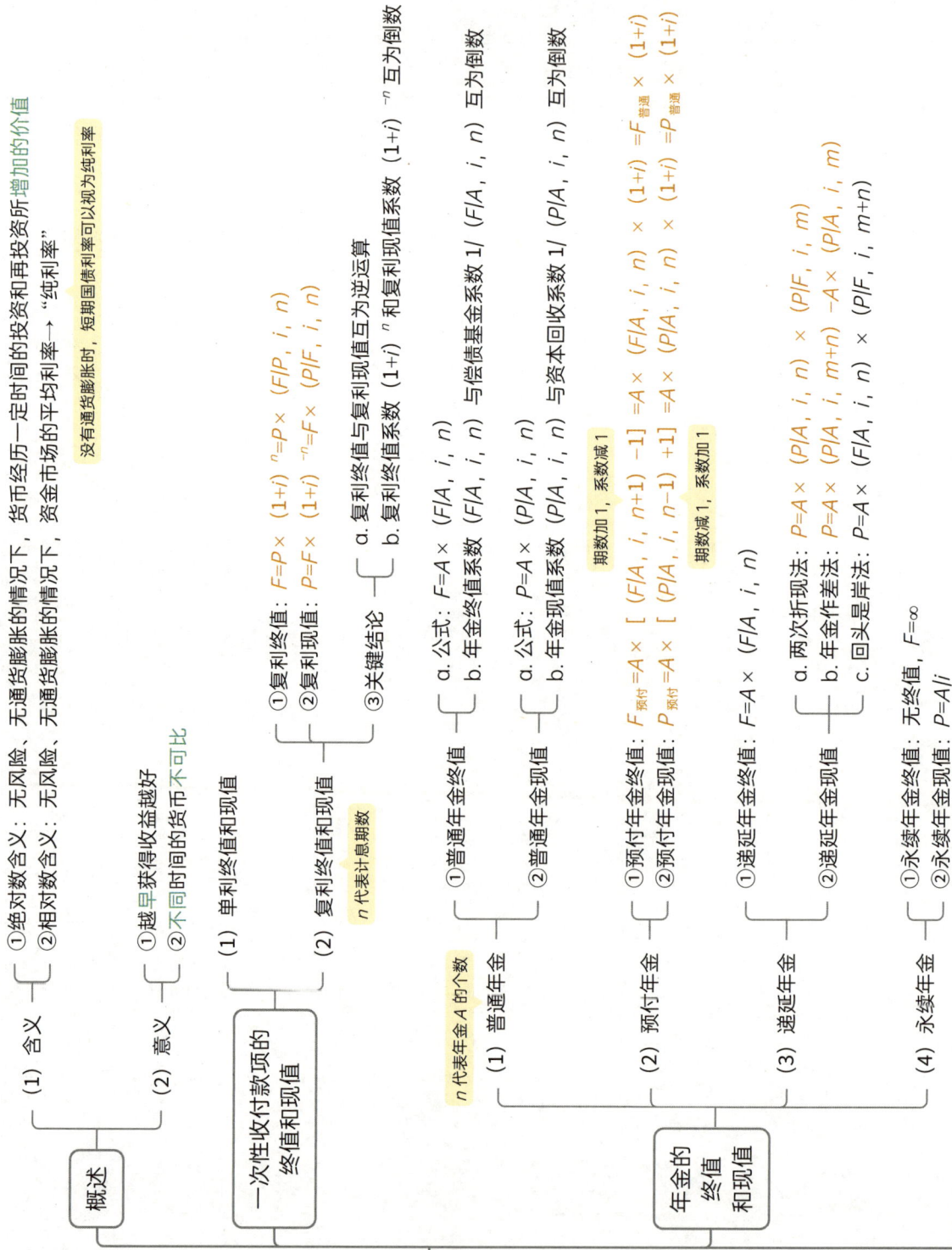

# 第二章 财务管理基础 （考 9 分）

- 财务管理基础
  - 货币时间价值
    - 概述
      - （1）含义
        - ①绝对数含义：无风险、无通货膨胀的情况下，货币经历一定时间的投资和再投资所增加的价值
        - ②相对数含义：无风险、无通货膨胀的情况下，资金市场的平均利率→“纯利率”
          - 没有通货膨胀时，短期国债利率可以视为纯利率
      - （2）意义
        - ①越早获得收益越好
        - ②不同时间的货币不可比
    - 一次性收付款项的终值和现值
      - （1）单利终值和现值
      - （2）复利终值和现值（$n$ 代表计息期数）
        - ①复利终值：$F=P\times(1+i)^n=P\times(F/P,i,n)$
        - ②复利现值：$P=F\times(1+i)^{-n}=F\times(P/F,i,n)$
        - ③关键结论
          - a. 复利终值与复利现值互为逆运算
          - b. 复利终值系数 $(1+i)^n$ 和复利现值系数 $(1+i)^{-n}$ 互为倒数
    - 年金的终值和现值
      - （1）普通年金（$n$ 代表年金 $A$ 的个数）
        - ①普通年金终值
          - a. 公式：$F=A\times(F/A,i,n)$
          - b. 年金终值系数 $(F/A,i,n)$ 与偿债基金系数 $1/(F/A,i,n)$ 互为倒数
        - ②普通年金现值
          - a. 公式：$P=A\times(P/A,i,n)$
          - b. 年金现值系数 $(P/A,i,n)$ 与资本回收系数 $1/(P/A,i,n)$ 互为倒数
      - （2）预付年金
        - ①预付年金终值：$F_{预付}=A\times[(F/A,i,n+1)-1]=A\times(F/A,i,n)\times(1+i)=F_{普通}\times(1+i)$（期数加 1，系数减 1）
        - ②预付年金现值：$P_{预付}=A\times[(P/A,i,n-1)+1]=A\times(P/A,i,n)\times(1+i)=P_{普通}\times(1+i)$（期数减 1，系数加 1）
      - （3）递延年金
        - ①递延年金终值：$F=A\times(F/A,i,n)$
        - ②递延年金现值
          - a. 两次折现法：$P=A\times(P/A,i,n)\times(P/F,i,m)$
          - b. 年金作差法：$P=A\times(P/A,i,m+n)-A\times(P/A,i,m)$
          - c. 回头是岸法：$P=A\times(F/A,i,n)\times(P/F,i,m+n)$
      - （4）永续年金
        - ①永续年金终值：无终值，$F=\infty$
        - ②永续年金现值：$P=A/i$

- 利率的计算
  - （1）复利计息方式下的利率计算
    - ①已知现值或终值系数
      - a. 查阅系数表
      - b. 内插法：$\frac{(i_2-i)}{(i_2-i_1)}=\frac{(B_2-B)}{(B_2-B_1)}$ 左右对应，上下随意
    - ②未知现值或终值系数 — 需借助系数表多次测试
  - （2）名义利率与实际利率
    - ①一年多次计息时
      - a. 公式：$i=(1+r/m)^m-1$
      - b. 结论
        - Ⅰ. 实际利率 > 名义利率
        - Ⅱ. 在名义利率相同的情况下，一年计息次数越多，实际利率越大
    - ②通货膨胀情况下
      - a. 公式：实际利率 =（1+ 名义利率）/（1+ 通货膨胀率）−1
      - b. 结论
        - Ⅰ. 如果通货膨胀率＜名义利率，则：实际利率＞0
        - Ⅱ. 如果通货膨胀率＞名义利率，则：实际利率＜0

# 收益与风险

- 单项资产的收益与风险
  - （1）资产收益与收益率
    - ①资产收益
      - a. 资产的现金净收入
        - Ⅰ. 金额式：利息、红利或股息收益
        - Ⅱ. 百分比：利息收益率或股息收益率
      - b. 价值升值
        - Ⅰ. 金额式：资本利得（期末价格 − 期初价格）
        - Ⅱ. 百分比：资本利得收益率
    - ②资产收益率
      - a. 实际收益率（已实现 / 确定可实现的收益率）
      - b. 期望收益率（预期收益率） 反映平均收益，不能衡量风险
      - c. 必要收益率（最低要求收益率）= 无风险收益率（无风险利率）+ 风险收益率

      评价投资项目是否具有财务可行性：
      Ⅰ. 期望收益率≥必要收益率，具有财务可行性
      Ⅱ. 期望收益率＜必要收益率，不具有财务可行性
  - （2）风险及其衡量
    - ①含义：各种可能结果相对于期望值的偏离程度
    - ②衡量
      - a. 方差：$\sigma^2=\sum_{i=1}^{n}(X_i-\bar{E})^2P_i$
      - b. 标准差：$\sigma=\sqrt{\sigma^2}$
      - c. 标准差率：$V=\frac{\sigma}{\bar{E}}$

      期望值相同时，方差和标准差↑，则风险↑
      期望值不同时，标准差率↑，则风险↑

# 财务管理基础

## 收益与风险

### 投资组合的收益与风险

- （1）期望收益率：组合内各种资产期望收益率的加权平均数 【权数是组合内各资产的价值比重】
- （2）风险及其衡量
  - ①概念：不仅取决于各单项资产的风险，还取决于各单项资产之间的相关性（相关系数 $\rho$）
  - ②相关系数 $\rho$
    - a. 取值范围：介于 [−1，1]

      “拧着来”
      $\rho$ =0：不相关，但可分散
      $\rho$ =1：完全正相关，但不可分散
      $\rho$ =−1：完全负相关，但可最大程度抵销
    - b. 不同取值的经济含义

| 相关系数取值 | 相关性 | 说明 |
| --- | --- | --- |
| 相关系数 =+1 | 完全正相关 | 两项资产的收益率变化方向和变化幅度完全相同。“两个都赚（赔），且幅度一样” |
| 0＜相关系数＜1 | 正相关 | 两项资产的收益率变动方向一致。“两个都赚（赔），但幅度不同” |
| 相关系数 =0 | 零相关 | 两项资产的收益率变化缺乏相关性。“两个没关系”。提示：相关系数 =0 时仍是可以分散风险的 |
| −1＜相关系数＜0 | 负相关 | 两项资产的收益率变动方向相反。“一个赚，一个赔，但幅度不同” |
| 相关系数 =−1 | 完全负相关 | 两项资产的收益率变化方向和变化幅度完全相反。“一个赚，一个赔，且幅度一样” |

  - ③衡量 【不能单纯加权计算！】
    - ①方差：$\sigma_P^2=W_A^2\sigma_A^2+W_B^2\sigma_B^2+2W_A\sigma_A W_B\sigma_B\rho_{A,B}$
    - ②标准差：$\sigma_P=\sqrt{\sigma_P^2}$
- （3）非系统性风险和系统性风险
  - ①非系统性风险（可分散）：经营风险、财务风险、信用风险、道德风险等
  - ②系统性风险（不可分散）
    - a. 类型：政策风险、利率风险、购买力风险（通货膨胀风险）、市场风险等
    - b. 衡量：$\beta$ 系数
      - Ⅰ. 单项资产
        - $\beta$ = 1，其系统性风险 = 市场组合的系统性风险
        - $\beta$ > 1，其系统性风险 > 市场组合的系统性风险
        - $\beta$ < 1，其系统性风险 < 市场组合的系统性风险
      - Ⅱ. 资产组合：单项资产 $\beta$ 系数的加权平均数 【权数是组合内各资产的价值比重】

### 资本资产定价模型

- （1）公式：$R=R_f+\beta\times(R_m-R_f)$
- （2）各指标含义
  - ① $R_f$：无风险收益率，通常以短期国债利率来近似替代
  - ② $R_m$：股票市场的平均收益率
  - ③ $(R_m-R_f)$：股票市场收益率超过无风险收益率的部分
  - ④ $\beta\times(R_m-R_f)$：特定股票或投资组合的风险收益率

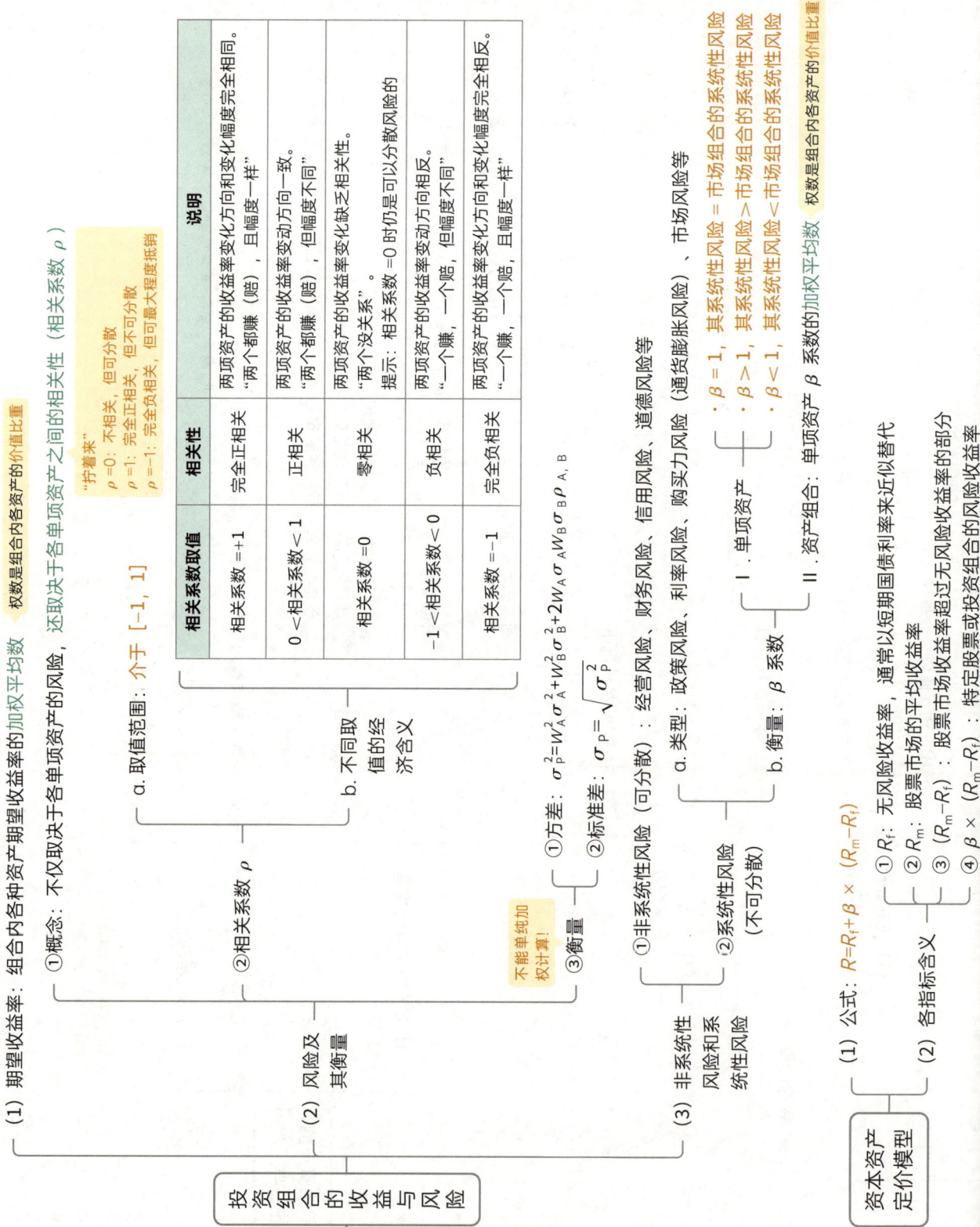

# 风险管理

- (1) 原则
  - ①战略性原则
  - ②全员性原则
  - ③专业性原则
  - ④二重性原则
  - ⑤系统性原则
- (2) 对策
  - ①风险规避（总风险消失）
    - a. 要点：回避、停止、退出、拒绝、禁止
    - b. 举例
      - Ⅰ. 退出某一市场以避免激烈竞争
      - Ⅱ. 拒绝与信用不好的交易对手进行交易
      - Ⅲ. 禁止各业务单位在金融市场上进行投机
  - ②风险承担 — 要点：接受、承担
  - ③风险转移
    - a. 要点：转移、不再承担所有权
    - b. 举例
      - Ⅰ. 购买保险
      - Ⅱ. 采取合营方式实现风险共担
  - ④风险转换（总风险基本不变）
    - a. 要点：减少某一风险的同时增加另一风险
    - b. 举例：通过放宽信用标准增加了应收账款，但扩大了销售
  - ⑤风险对冲（总风险降低）
    - a. 要点：引入多个风险因素、互相冲抵
    - b. 举例
      - Ⅰ. 资产组合使用
      - Ⅱ. 多种外币结算的使用
      - Ⅲ. 战略上的多种经营
  - ⑥风险补偿
    - a. 要点：采用适当措施进行补偿
    - b. 举例：企业自身的风险准备金或应急资本
  - ⑦风险控制
    - a. 要点：控制风险事件发生的动因、环境、条件等，以减轻损失、降低发生概率
    - b. 举例
      - Ⅰ. 控制概率，如室内使用不易燃地毯、山上禁止吸烟
      - Ⅱ. 控制损失，如修建水坝防洪、设立质量检查防止次品出厂
- (3) 风险矩阵
  - ①优点：为企业确定各项风险重要性等级提供了可视化的工具
  - ②缺点
    - a. 主观判断，影响准确性
    - b. 无法将列示的个别风险重要性等级通过数学运算得到总体风险的重要性等级

# 财务管理基础

## 成本性态分析

- 固定成本
  - (1) 特征
    - ①固定成本总额：一定期间特定业务量范围内不因业务量的变动而变动
    - ②单位固定成本：随业务量的增减呈反向变动
  - (2) 分类
    - ①约束性固定成本
      - a. 房屋租金
      - b. 固定设备折旧
      - c. 管理人员的基本工资
      - d. 车辆交强险
    - ②酌量性固定成本
      - a. 广告费
      - b. 职工培训费
      - c. 新产品研究开发费用
- 变动成本
  - (1) 特征
    - ①单位变动成本：不变
    - ②变动成本总额：随业务量的变动呈正比例变动
  - (2) 分类
    - ①技术性（约束性）变动成本：直接材料
    - ②酌量性变动成本：按销售收入的一定百分比支付的销售佣金、新产品研制费、技术转让费
- 混合成本
  - (1) 特征：成本总额随业务量的变化而变化，但不呈正比例关系
    - ①半变动成本
      - a. 特征：初始固定基数 + “变动成本”

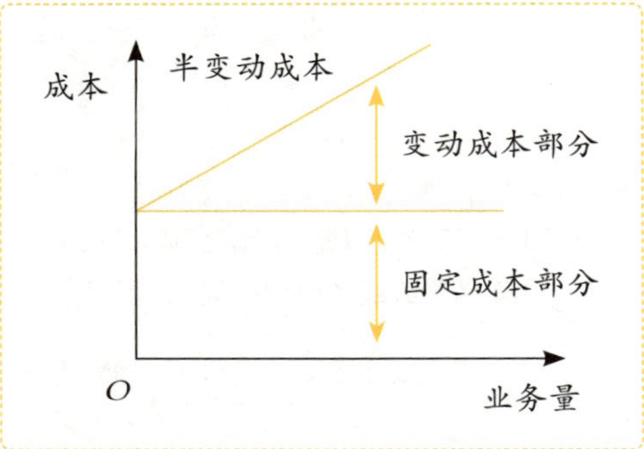


      - b. 举例：固定电话费

(2) 分类

②半固定成本

a. 特征：初始固定基数 + “跳跃、阶梯变动”

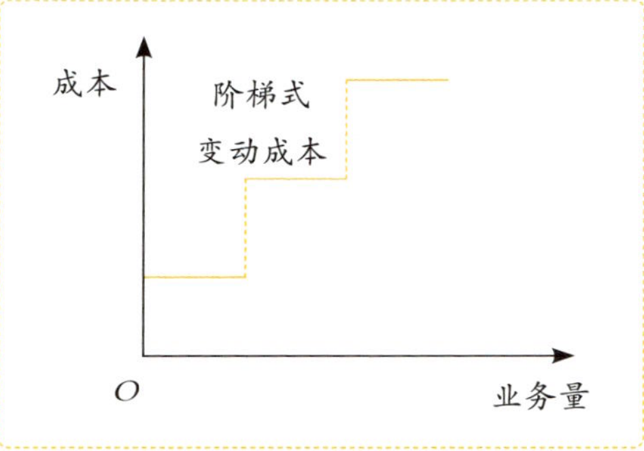


b. 举例：企业管理员、运货员、检验员的工资

③延期变动成本

a. 特征：一定范围内固定基数 + 超出后“变动成本”

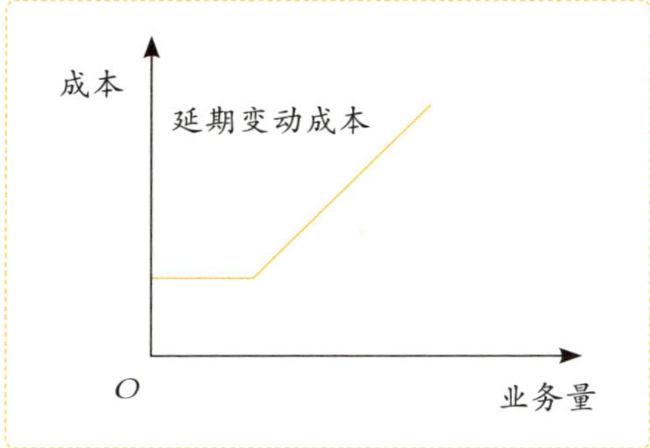


b. 举例：手机流量费

④曲线变动成本

a. 特征：初始固定基数 + 非线性变动

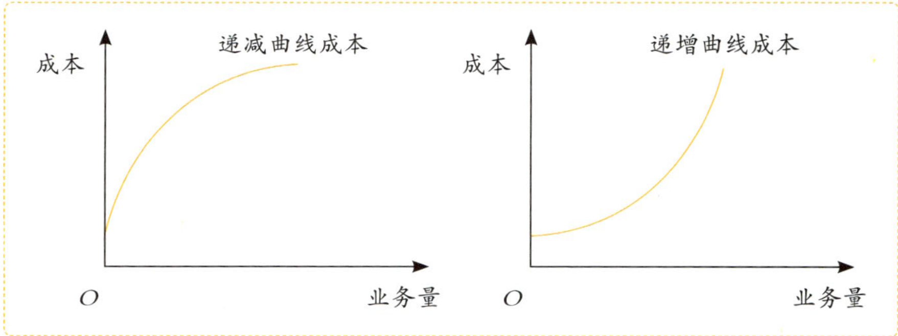

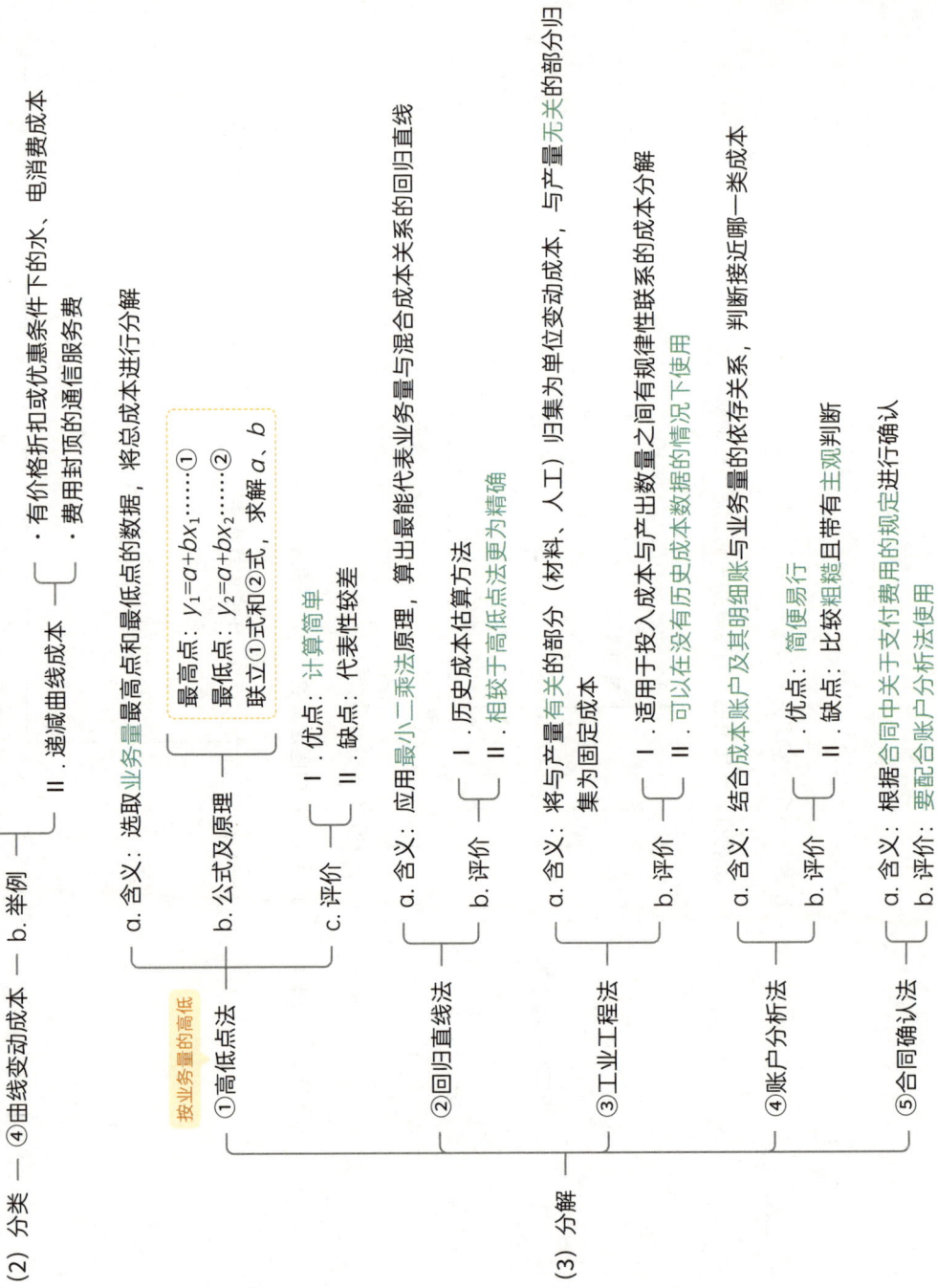

# 财务管理基础

## 成本性态分析

### 混合成本

- （2）分类 — ④曲线变动成本 — b. 举例
  - Ⅰ. 递增曲线成本：累进计件工资、违约金
  - Ⅱ. 递减曲线成本
    - · 有价格折扣或优惠条件下的水、电消费成本
    - · 费用封顶的通信服务费
- （3）分解
  - ①高低点法（按业务量的高低）
    - a. 含义：选取业务量最高点和最低点的数据，将总成本进行分解
    - b. 公式及原理
      - 最高点：$y_1=a+bx_1$……①
      - 最低点：$y_2=a+bx_2$……②
      - 联立①式和②式，求解 $a$、$b$
    - c. 评价
      - Ⅰ. 优点：计算简单
      - Ⅱ. 缺点：代表性较差
  - ②回归直线法
    - a. 含义：应用最小二乘法原理，算出最能代表业务量与混合成本关系的回归直线
    - b. 评价
      - Ⅰ. 历史成本估算方法
      - Ⅱ. 相较于高低点法更为精确
  - ③工业工程法
    - a. 含义：将与产量有关的部分（材料、人工）归集为单位变动成本，与产量无关的部分归集为固定成本
    - b. 评价
      - Ⅰ. 适用于投入成本与产出数量之间有规律性联系的成本分解
      - Ⅱ. 可以在没有历史成本数据的情况下使用
  - ④账户分析法
    - a. 含义：结合成本账户及其明细账与业务量的依存关系，判断接近哪一类成本
    - b. 评价
      - Ⅰ. 优点：简便易行
      - Ⅱ. 缺点：比较粗糙且带有主观判断
  - ⑤合同确认法
    - a. 含义：根据合同中关于支付费用的规定进行确认
    - b. 评价：要配合账户分析法使用

### 总成本模型

总成本 = 固定成本总额 + 变动成本总额
= 固定成本总额 + 单位变动成本 × 业务量

笔记区

# 第三章 预算管理 （考 8 分）

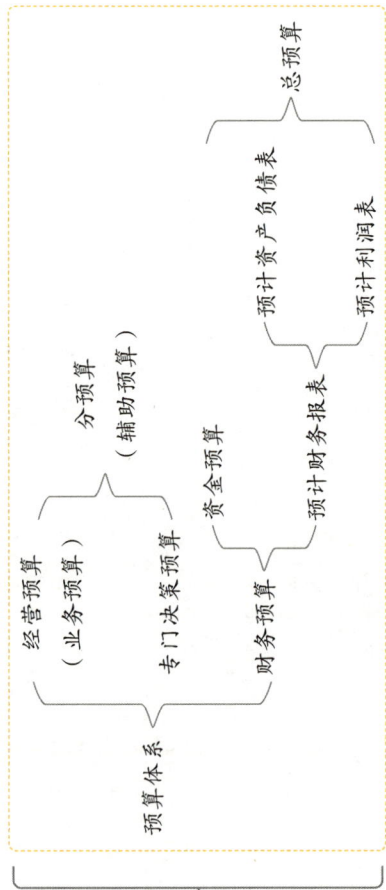

- 预算管理
  - 预算管理概述
    - 预算体系与预算的分类
      - （1）预算体系
        - 预算体系
          - 经营预算（业务预算）、专门决策预算 → 分预算（辅助预算）
          - 财务预算
            - 资金预算
            - 预计财务报表
              - 预计资产负债表
              - 预计利润表
          - 财务预算（资金预算、预计资产负债表、预计利润表） → 总预算
      - （2）预算的分类
        - ①按内容分类
          - a. 经营预算
            - Ⅰ. 销售预算
            - Ⅱ. 生产预算
            - Ⅲ. 采购预算
            - Ⅳ. 费用预算
            - Ⅴ. 人力资源预算
          - b. 专门决策预算 — 资本支出预算
          - c. 财务预算
            - Ⅰ. 资金预算
            - Ⅱ. 预计资产负债表
            - Ⅲ. 预计利润表
        - ②按预算指标覆盖的时间分类
          - a. 短期预算（≤1年）
            - Ⅰ. 经营预算
            - Ⅱ. 财务预算
          - b. 长期预算（>1年） — 专门决策预算（资本支出预算）
    - 预算管理的原则
      - （1）战略导向原则
      - （2）过程控制原则
      - （3）融合性原则
      - （4）平衡管理原则
      - （5）权变性原则：刚柔并济

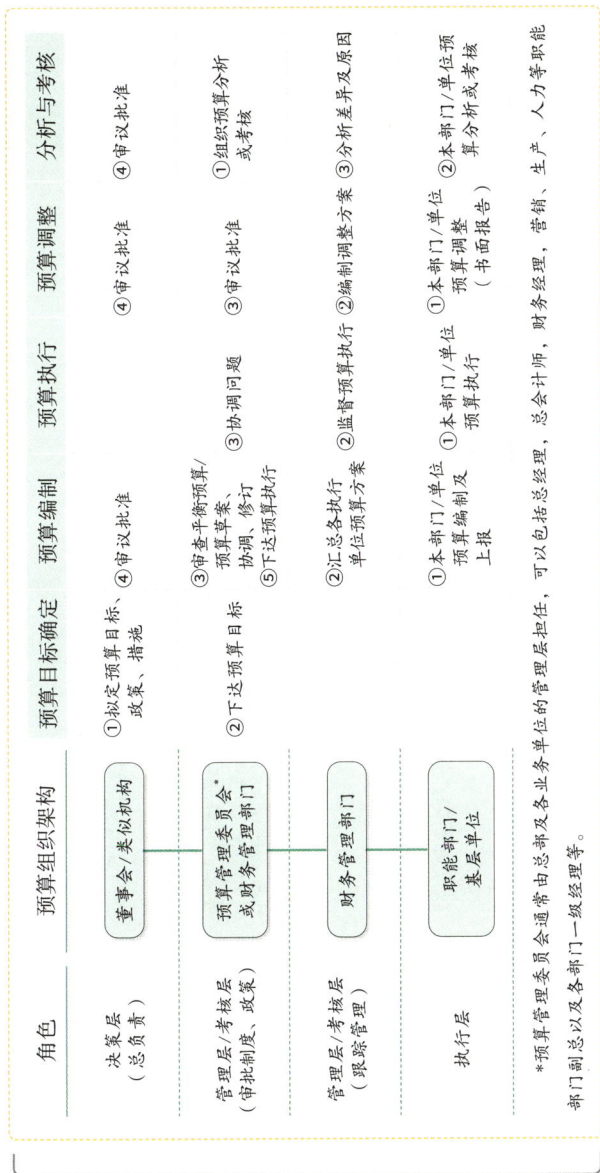

## 预算管理工作的组织

| 角色 | 预算组织架构 | 预算目标确定 | 预算编制 | 预算执行 | 预算调整 | 分析与考核 |
|---|---|---|---|---|---|---|
| 决策层（总负责） | 董事会/类似机构 | ①拟定预算目标、政策、措施 | ④审议批准 |  | ④审议批准 | ④审议批准 |
| 管理层/考核层（审批制度、政策） | 预算管理委员会*或财务管理部门 | ②下达预算目标 | ③审查平衡预算/预算草案、协调、修订<br>⑤下达预算执行 | ③协调问题 | ③审议批准 | ①组织预算分析或考核 |
| 管理层/考核层（跟踪管理） | 财务管理部门 |  | ②汇总各执行单位预算方案 | ②监督预算执行 | ②编制调整方案 | ③分析差异及原因 |
| 执行层 | 职能部门/基层单位 |  | ①本部门/单位预算编制及上报 | ①本部门/单位预算执行 | ①本部门/单位预算调整（书面报告） | ②本部门/单位预算分析或考核 |

*预算管理委员会通常由总部及各业务单位的管理层担任，可以包括总经理，总会计师，财务经理，营销、生产、人力等职能部门副总以及各部门一级经理等。

关于责任承担问题：
第一，董事会或类似机构对企业预算的管理工作负总责。
第二，企业职能部门的主要负责人对本部门预算执行结果承担责任。
第三，企业所属基层单位的主要负责人对本单位财务预算的执行结果承担责任

## 预算管理的过程

- （1）预算编制
  - ①下达目标
  - ②编制上报
  - ③审查平衡
  - ④审议批准
  - ⑤下达执行
- （2）预算控制
- （3）预算调整 — ①能否调整
  - a. 原则上不作调整
  - b. 可以调整：导致预算编制的基本假设发生重大变化时
    - Ⅰ．内外战略环境发生重大变化
    - Ⅱ．突发重大事件

# 预算管理

- **预算管理概述**
  - 预算管理的过程
    - （3）预算调整
      - ②如何调整
        - a. 预算执行单位：提出书面报告
        - b. 财务管理部门：对调整报告审核分析，集中编制年度预算调整方案
        - c. 财务管理部门：提交预算管理委员会，董事会或经理办公会审议批准→下达执行
      - ③调整要求
        - a. 不能偏离企业发展战略
        - b. 应当在经济上能够实现最优化
        - c. 重点应当放在预算执行中出现的关键性差异方面
    - （4）预算分析
    - （5）预算考核
- **预算的编制方法**
  - 按出发点的特征不同分类
    - （1）增量预算法
      - ①特征：以历史期实际经济活动及其预算为基础 + 变动调整
      - ②缺点：可能导致无效费用开支无法得到有效控制，使得不必要开支合理化，造成预算上的浪费
    - （2）零基预算法
      - ①特征：以零为起点，从实际需要出发分析预算期经济活动的合理性
      - ②优点
        - a. 不受历史期经济活动中的不合理因素影响
        - b. 有助于增加预算编制的透明度，有利于进行预算控制
      - ③缺点
        - a. 预算编制工作量较大、成本较高
        - b. 准确性受企业管理水平和相关数据标准准确性的影响较大
  - 按业务量基础的数量特征不同分类
    - （1）固定预算法（静态预算法）
      - ①特征：以预算期内正常的、最可实现的某一业务量水平为固定基础，不考虑可能发生的变动
      - ②优点：编制相对简单，也容易使管理者理解
      - ③缺点
        - a. 适应性差
        - b. 可比性差
    - （2）弹性预算法（动态预算法）
      - ①特征：分别确定不同业务量及其相应预算项目所消耗资源
      - ②优点：考虑了预算期可能的不同业务量水平，更贴近企业经营管理实际情况
      - ③缺点
        - a. 编制工作量大
        - b. 市场及其变动趋势预测的准确性、预算项目与业务量之间依存关系的判断水平等会对弹性预算的合理性造成较大影响

- ④具体方法
  - a. 公式法（连续区间）
    - Ⅰ. 公式：$y=a+bx$
    - Ⅱ. 优点
      - 便于在一定范围内计算任何业务量的预算成本，可比性和适应性强
      - 编制预算的工作量小
    - Ⅲ. 缺点
      - 成本分解的工作量大
      - 仅适用于一定业务范围内
      - 阶梯成本和曲线成本只能先用数学方法修正为直线
  - b. 列表法（间断区间）
    - Ⅰ. 优点
      - 不必经过计算即可找到与业务量相近的预算成本
      - 阶梯成本和曲线成本，可按总成本性态模型计算填列，不必修正
    - Ⅱ. 缺点：需要使用插值法计算“实际业务量的预算成本”，比较麻烦

## 按预算期的时间特征不同分类

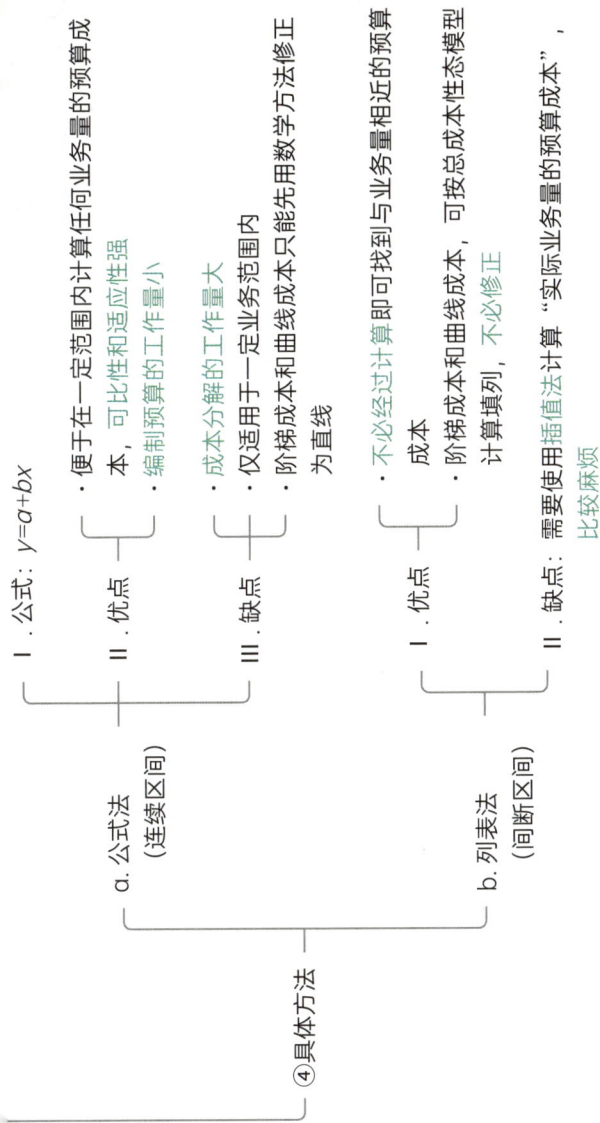

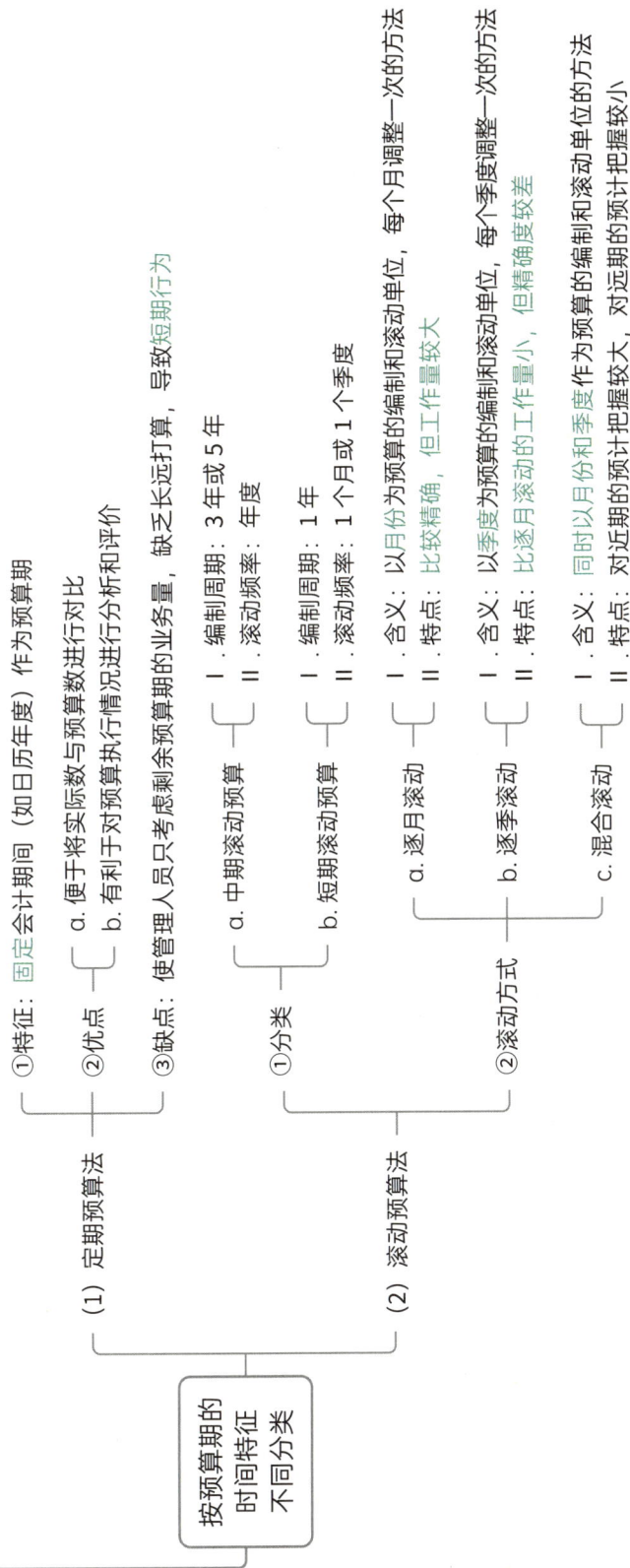

- （1）定期预算法
  - ①特征：固定会计期间（如日历年度）作为预算期
  - ②优点
    - a. 便于将实际数与预算数进行对比
    - b. 有利于对预算执行情况进行分析和评价
  - ③缺点：使管理人员只考虑剩余预算期的业务量，缺乏长远打算，导致短期行为
- （2）滚动预算法
  - ①分类
    - a. 中期滚动预算
      - Ⅰ. 编制周期：3 年或 5 年
      - Ⅱ. 滚动频率：年度
    - b. 短期滚动预算
      - Ⅰ. 编制周期：1 年
      - Ⅱ. 滚动频率：1 个月或 1 个季度
  - ②滚动方式
    - a. 逐月滚动
      - Ⅰ. 含义：以月份为预算的编制和滚动单位，每个月调整一次的方法
      - Ⅱ. 特点：比较精确，但工作量较大
    - b. 逐季滚动
      - Ⅰ. 含义：以季度为预算的编制和滚动单位，每个季度调整一次的方法
      - Ⅱ. 特点：比逐月滚动的工作量小，但精确度较差
    - c. 混合滚动
      - Ⅰ. 含义：同时以月份和季度作为预算的编制和滚动单位的方法
      - Ⅱ. 特点：对近期的预计把握较大，对远期的预计把握较小

# 预算管理

## 预算的编制方法

### 按预算期的时间特征不同分类

（2）滚动预算法
- ③优点：实现动态反映市场、建立跨期综合平衡，从而有效指导企业营运，强化预算的决策与控制职能
- ④缺点
  - a. 滚动频率越高，对预算沟通的要求越高，预算编制的工作量越大
  - b. 过高的滚动频率容易增加管理层的不稳定感，导致预算执行者无所适从

## 预算编制

### 整体流程

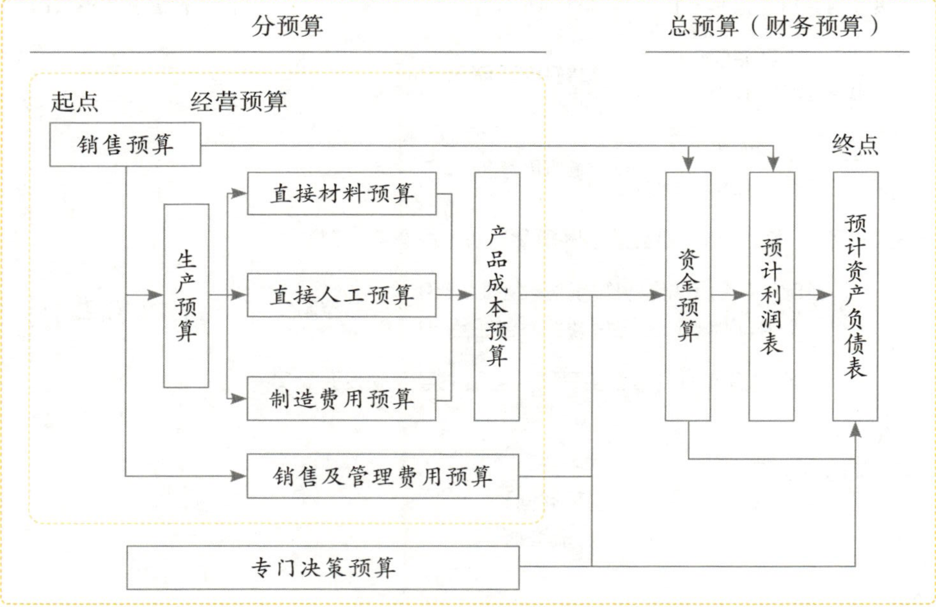


①销售预算
- a. 要点
  - Ⅰ．预算的编制起点
  - Ⅱ．根据不同的收款政策，确认每期现金收入金额
- b. 原理：销售收入 = 销售单价 × 销售数量

②生产预算
- a. 要点
  - Ⅰ．以销售预算为基础
  - Ⅱ．只涉及实物量指标
- b. 原理：预计生产量 = 预计销售量 + 预计期末产成品存货量 − 预计期初产成品存货量（销 + 末 − 初）
  - Ⅰ．预计销售量：来自销售预算
  - Ⅱ．预计期末产成品存货量 = 下期预计销售量 × $A\%$
  - Ⅲ．预计期初产成品存货量 = 上期期末产成品存货量 = 本期销售量 × $A\%$

具体编制

- （1）经营预算的编制
  - ③直接材料预算
    - a. 要点
      - Ⅰ. 以生产预算为基础编制
      - Ⅱ. 根据不同的付款政策，确认每期现金支出金额
    - b. 原理：预计采购金额 = 预计材料采购量 × 采购单价
      - Ⅰ. 预计材料采购量 = 生产需用量 + 期末材料存量 − 期初材料存量（采 = 用 + 末 − 初）
      - Ⅱ. 生产需用量 = 预计生产量 × 单位产品材料用量
  - ④直接人工预算
    - a. 要点：以生产预算为基础编制
    - b. 原理：人工总成本 = 人工总工时 × 每小时人工成本 = 预计生产量 × 单位产品工时 × 每小时人工成本
  - ⑤制造费用预算（除折旧费外都需支付现金）
    - a. 变动制造费用预算
      - Ⅰ. 要点：以生产预算为基础编制
      - Ⅱ. 原理：变动制造费用 = 预计生产量 × 单位产品费用率（元 / 件） = 预计总工时 × 单位小时费用率（元 / 小时）
    - b. 固定制造费用预算 — 要点
      - 需要逐项进行预计
      - 通常与本期产量无关
    - c. 制造费用标准分配率 = 制造费用预算金额 / 预算总工时
  - ⑥产品成本预算 — 要点
    - Ⅰ. 是销售预算、生产预算、直接材料预算、直接人工预算、制造费用预算的汇总
    - Ⅱ. 既涉及实物量，也涉及价值量
    - Ⅲ. 仅有货币金额，不涉及现金收支，不能直接为资金预算提供数据支撑
  - ⑦销售及管理费用预算（除非付现部分（如折旧、摊销等）外都需支付现金） — 要点
    - Ⅰ. 销售费用预算：以销售预算为基础
    - Ⅱ. 管理费用预算：多属于固定成本
- （2）专门决策预算的编制
  - ①含义
    - a. 与项目投资决策相关的专门预算，经常跨越多个年度（长期投资预算）
    - b. 以项目财务可行性分析资料、企业筹资决策资料为依据
  - ②要点
    - a. 准确反映项目资金投资支出与筹资计划
    - b. 是编制资金预算和预计资产负债表的依据

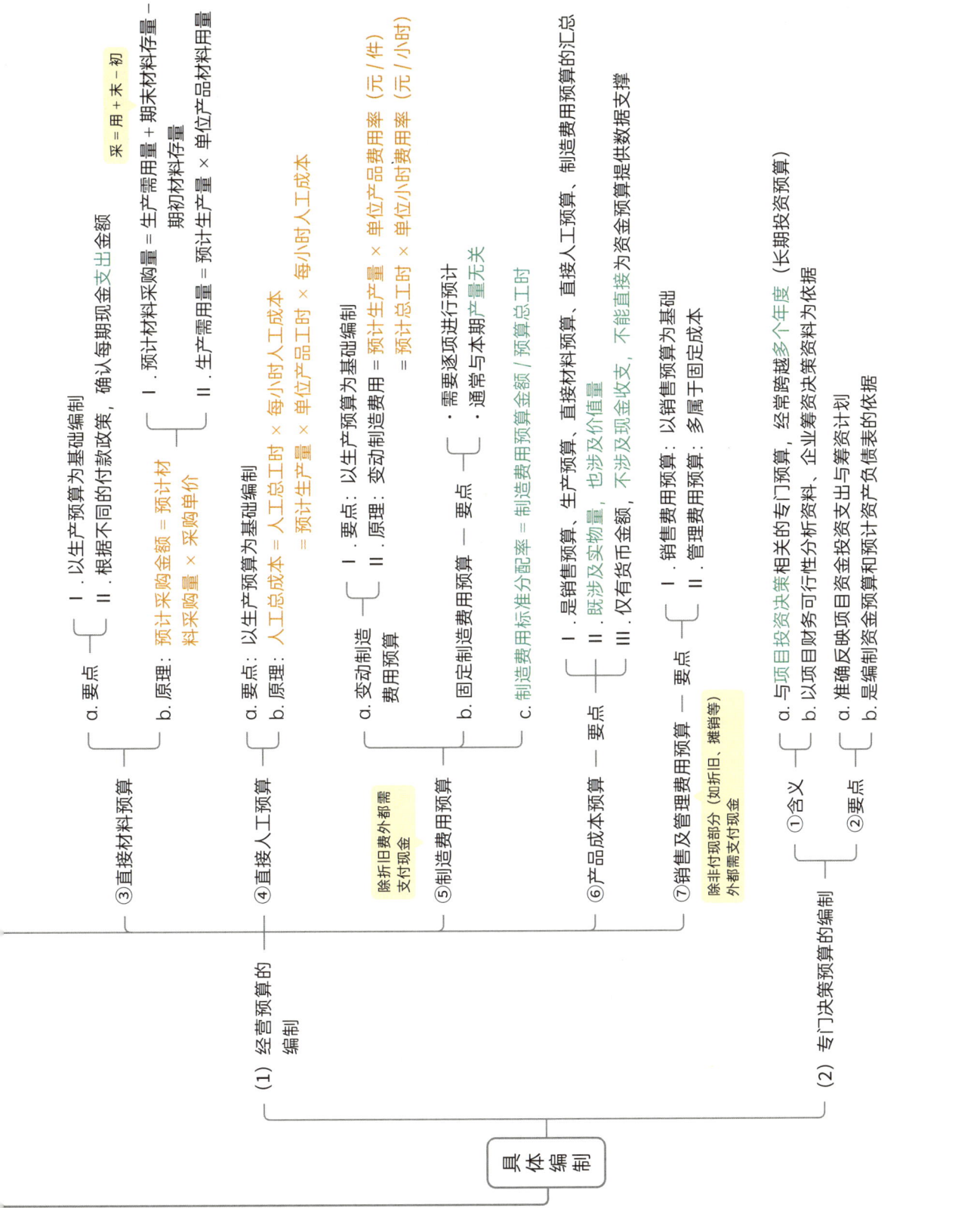

# 预算管理

## 预算编制

### 具体编制

(3) 财务预算的编制

①资金预算的编制

a. 要点

- Ⅰ. 以经营预算和专门决策预算为依据进行编制
- Ⅱ. 反映预算期内预计现金收入与现金支出
- Ⅲ. 为满足理想现金余额而进行筹资或归还借款

现金余缺的比较对象不是“0”，而是“理想期末现金余额”

b. 编制流程

第一步：

- 期初现金余额：年初的现金余额（第一季度的期初现金余额）
- \+ 现金收入：经营现金收入，主要来源为销货取得的现金收入（销售预算）
- = 可供使用的现金

第二步：

- − 现金支出：①直接材料、直接人工、制造费用、销售及管理费用（经营预算）②购买设备（专门决策预算/长期投资预算）③所得税费用、股利分配（其他专门预算，本教材略）
- = 现金余缺 vs 理想期末现金余额

提示：现金收入与现金支出均不包括与借款有关的现金流量。借款现金流入、还本付息支出，应反映在“现金筹措与运用”中

第三步：

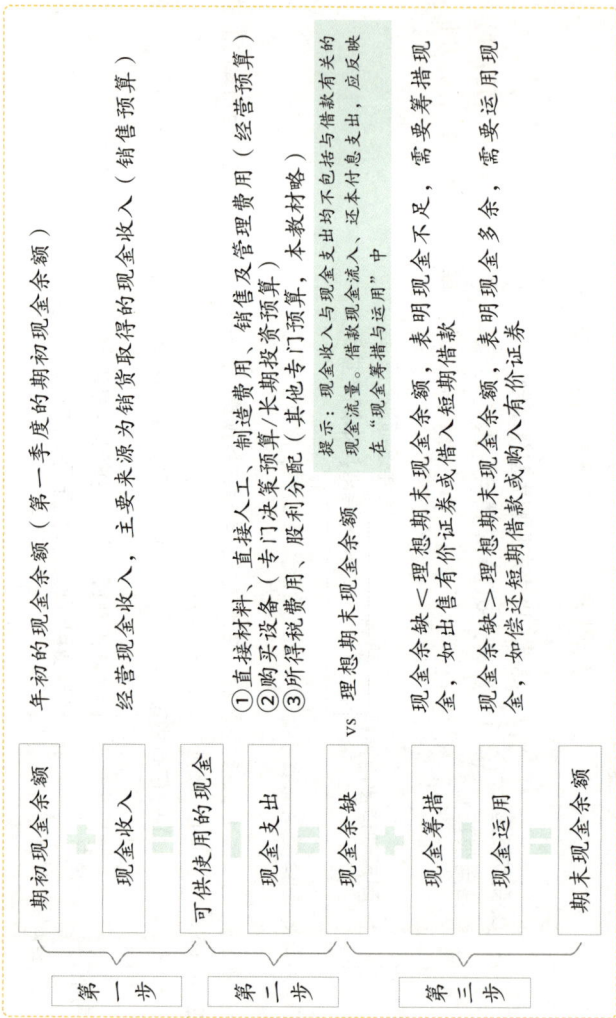

- \+ 现金筹措：现金余缺＜理想期末现金余额，表明现金不足，需要筹措现金，如出售有价证券或借入短期借款
- − 现金运用：现金余缺＞理想期末现金余额，表明现金多余，需要运用现金，如偿还短期借款或购入有价证券
- = 期末现金余额

②预计利润表的编制

a. 要点

- Ⅰ. 以各经营预算、专门决策预算和资金预算为依据进行编制
- Ⅱ. 反映企业在计划期的预计经营成果

| 报表项目 | 数据来源 |
|---|---|
| 销售收入 | 销售预算 |
| 销售成本 | 产品成本预算 |
| 毛利 | 差额 |

b. 数据来源

续表

| 报表项目 | 数据来源 |
|---|---|
| 销售及管理费用 | 销售及管理费用预算 |
| 利息 | 资金预算 |
| 利润总额 | 差额 |
| 所得税费用 | 所得税费用通常不是根据“利润总额”和所得税税率计算出来的，而是在利润规划时估计的，并已列入资金预算。<br>利润→所得税→现金余缺→借款利息 |
| 净利润 | 差额 |

③预计资产负债表的编制

a. 要点

Ⅰ. 以计划期开始日的资产负债表为基础，结合计划期间各项经营预算、专门决策预算、资金预算和预计利润表进行编制

Ⅱ. 反映企业在计划期末预计的财务状况

Ⅲ. 是编制全面预算的终点

b. 数据来源

| 报表项目 | 数据来源 |
|---|---|
| 货币资金 | 资金预算（期初、期末现金余额） |
| 应收账款 | 销售预算（结合收账政策） |
| 存货 | 直接材料预算、产品成本预算（产成品） |
| 固定资产 | 制造费用预算、销售及管理费用预算（年初余额－三项折旧） |
| 在建工程 | 专门决策预算 |
| 短期借款 | 资金预算（取得与归还借款） |
| 应付账款 | 直接材料预算（结合付款政策） |
| 长期借款 | 专门决策预算 |
| 股本 | 股本变动情况 |
| 资本公积 | 资本公积变动情况 |
| 盈余公积 | 预计利润表（净利润，结合提取政策）（如法定盈余公积达到股本 50% 时可以不再提取） |
| 未分配利润 | 预计利润表（净利润）、资金预算（股利）和预计资产负债表（盈余公积） |

# 第四章 筹资管理（上）（考9分）

## 筹资管理『上』

### 筹资管理概述

#### 筹资的动机

(1) 创立性筹资动机
- ①企业设立时，为取得资本金并形成开展经营活动的基本条件
- ②满足长期资本需要量和流动资金需要量

(2) 支付性筹资动机

不是为了满足日常经营的“支付”需要，而是满足日常经营中的“临时波动”

- ①满足经营业务活动的正常波动（即超出维持正常经营活动资金需求的季节性、临时性的支付需要）
- ②举例
  - a. 原材料购买的大额支付
  - b. 员工工资的集中发放
  - c. 银行借款的偿还
  - d. 股东股利的发放

(3) 扩张性筹资动机
- ①扩大经营规模或满足对外投资需要
- ②企业资产总规模的增加和资本结构的明显变化

(4) 调整型筹资动机
- ①调整资本结构
  - a. 优化资本结构，合理利用财务杠杆效应
  - b. 偿还到期债务，债务结构内部调整
- ②不会增加企业的资本总额

(5) 混合性筹资动机

不是任意两种动机的混合，仅是“扩张＋调整”的混合

- ①既满足了经营活动、投资活动的资金需要，又达到了调整资本结构的目的
- ②增加企业的资产总额和资本总额
- ③企业的资产结构和资本结构同时变化

#### (1) 各类筹资方式及其分类

| 类别 | 具体方式 | 直接/间接 | 内部/外部 | 长期/短期 |
|---|---|---|---|---|
| 股权 | 吸收直接投资 | 直接 | 外部 | 长期 |
| | 发行普通股股票 | 直接 | 外部 | 长期 |
| | 留存收益 | 直接 | 内部 | 长期 |
| 债务 | 向金融机构借款 | 间接 | 外部 | 均可 |
| | 发行债券 | 直接 | 外部 | 长期 |
| | 租赁 | 间接 | 外部 | 长期 |
| | 商业信用 | 直接 | 外部 | 短期（含保理） |
| 混合 | 发行可转换债券 | 直接 | 外部 | 长期 |
| | 发行优先股 | 直接 | 外部 | 长期 |

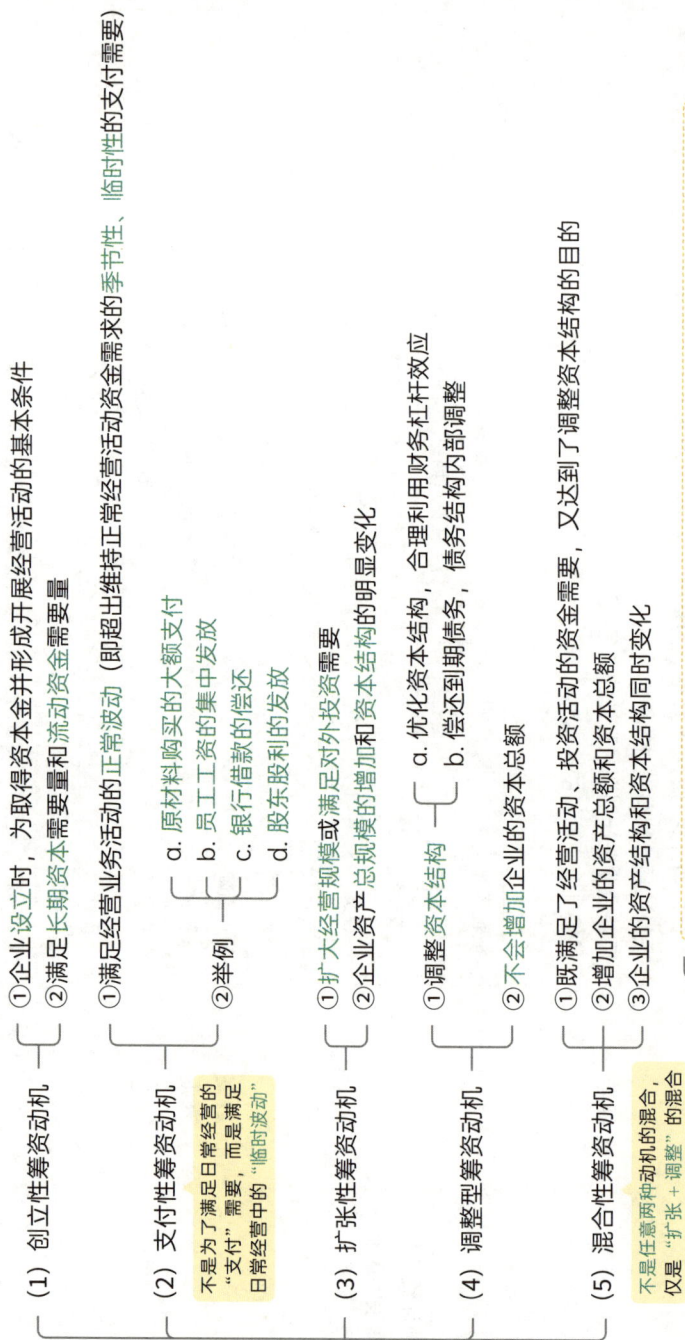

- 筹资的分类
  - （2）直接筹资与间接筹资
    - ①直接筹资
      - a. 定义：直接与资金供应者协商融通资金
      - b. 特点
        - Ⅰ. 手续比较复杂
        - Ⅱ. 筹资费用较高
        - Ⅲ. 有利于扩大知名度
    - ②间接筹资
      - a. 定义：借助银行和非银行金融机构筹资
      - b. 特点
        - Ⅰ. 手续简单
        - Ⅱ. 效率高
        - Ⅲ. 筹资费用低
  - （3）内部筹资与外部筹资
    - ①内部筹资
      - a. 定义：通过利润留存而形成的筹资来源
      - b. 特点
        - Ⅰ. 无筹资费用（但有资本成本）
        - Ⅱ. 数额有限
    - ②外部筹资
      - a. 定义：向外部筹措资金而形成的筹资来源
      - b. 特点
        - Ⅰ. 数额较大
        - Ⅱ. 通常需要花费一定的筹资费用
- 筹资管理的原则
  - （1）筹措合法
  - （2）规模适当
  - （3）取得及时
  - （4）来源经济
  - （5）结构合理

## 债务筹资

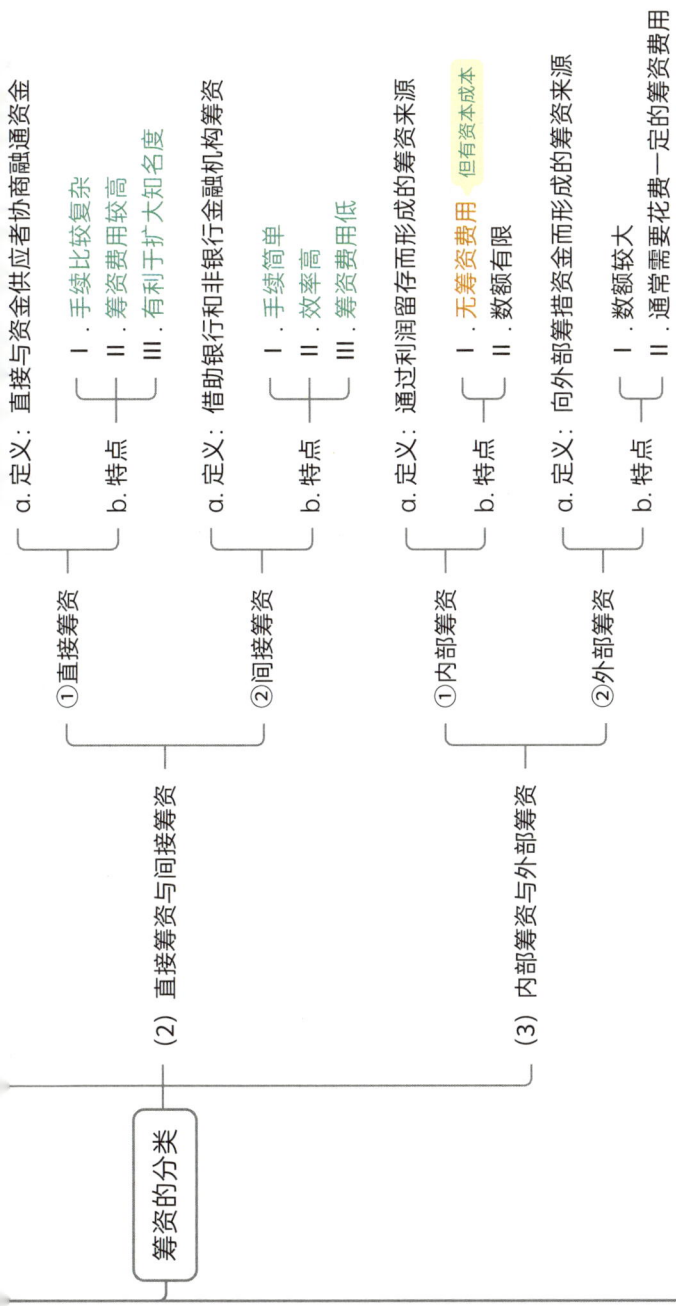

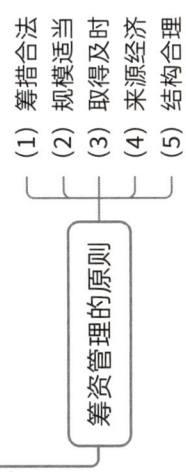

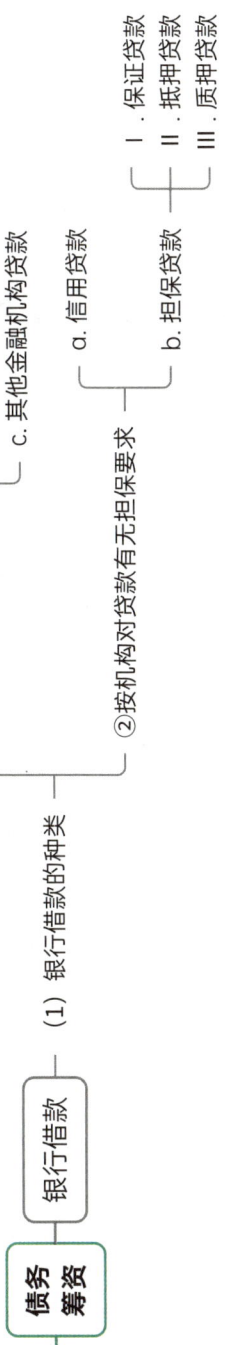

- 银行借款
  - （1）银行借款的种类
    - ①按提供贷款的机构
      - a. 政策性银行贷款
      - b. 商业银行贷款
      - c. 其他金融机构贷款
    - ②按机构对贷款有无担保要求
      - a. 信用贷款
      - b. 担保贷款
        - Ⅰ. 保证贷款
        - Ⅱ. 抵押贷款
        - Ⅲ. 质押贷款

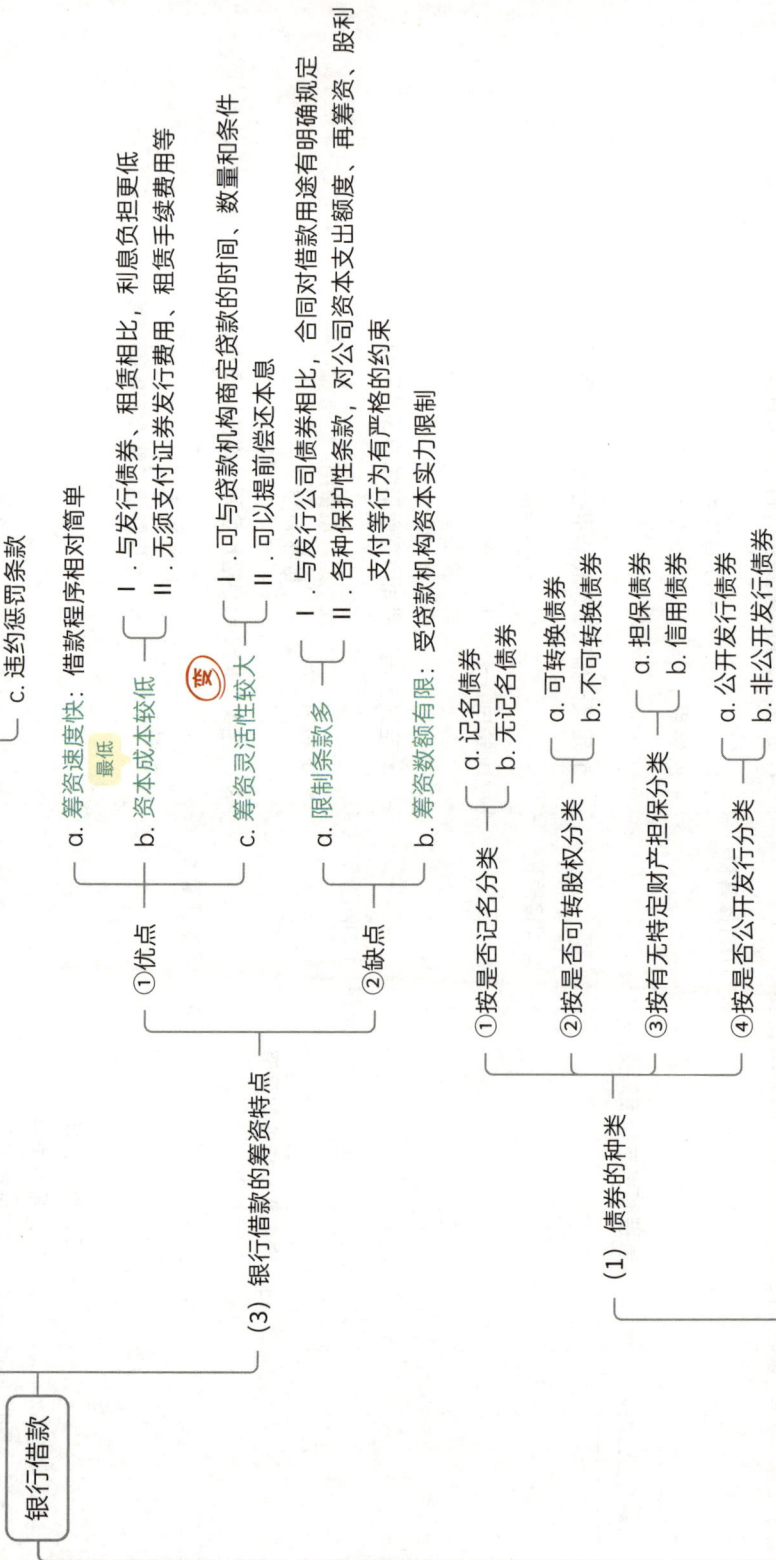

# 筹资管理『上』

- 债务筹资
  - 银行借款
    - （2）长期借款的保护性条款
      - ①例行性保护条款
        - a. 要求定期向提供贷款的金融机构提交公司财务报表
        - b. 保持存货储备量
        - c. 及时清偿债务
        - d. 不准以资产作其他承诺的担保或抵押
        - e. 不准贴现应收票据或出售应收账款，以避免或有负债等
      - ②一般性保护条款（1 保持 +4 限制）
        - a. 保持企业的资产流动性
        - b. 限制企业非经营性支出
        - c. 限制企业资本支出的规模
        - d. 限制公司再举债规模
        - e. 限制公司的长期投资
      - ③特殊性保护条款（“罚款用途买人参（身）”）
        - a. 要求公司的主要领导人购买人身保险
        - b. 借款的用途不得改变
        - c. 违约惩罚条款
    - （3）银行借款的筹资特点
      - ①优点
        - a. 筹资速度快：借款程序相对简单
        - b. 资本成本较低（最低）
          - Ⅰ. 与发行债券、租赁相比，利息负担更低
          - Ⅱ. 无须支付证券发行费用、租赁手续费用等
        - c. 筹资灵活性较大（变）
          - Ⅰ. 可与贷款机构商定贷款的时间、数量和条件
          - Ⅱ. 可以提前偿还本息
      - ②缺点
        - a. 限制条款多
          - Ⅰ. 与发行公司债券相比，合同对借款用途有明确规定
          - Ⅱ. 各种保护性条款，对公司资本支出额度、再筹资、股利支付等行为有严格的约束
        - b. 筹资数额有限：受贷款机构资本实力限制
  - （1）债券的种类
    - ①按是否记名分类
      - a. 记名债券
      - b. 无记名债券
    - ②按是否可转股权分类
      - a. 可转换债券
      - b. 不可转换债券
    - ③按有无特定财产担保分类
      - a. 担保债券
      - b. 信用债券
    - ④按是否公开发行分类
      - a. 公开发行债券
      - b. 非公开发行债券

## 发行公司债券

### （2）债券的偿还

- ①提前偿还
  - a. 价格通常高于面值，并随到期日的临近而逐渐下降
  - b. 使公司筹资有较大的弹性
    - Ⅰ. 当公司资金有结余时，可提前赎回债券
    - Ⅱ. 当预测利率下降时，也可提前赎回债券，而后以较低的利率来发行新债券
- ②到期分批偿还
  - a. 发行费较高：各批债券的到期日不同，各自的发行价格和票面利率也可能不相同
  - b. 便于发行：便于投资人挑选最合适的到期日
- ③到期一次偿还：在债券到期日一次性归还债券本金，并结算债券利息

### （3）发行公司债券的筹资特点

变

- ①优点
  - a. 单次筹资数额较大：与银行借款、租赁相比，可通过资本市场筹集大额的资金
  - b. 提高公司的社会声誉
  - c. 筹资使用限制少（与银行借款相比）
- ②缺点 — 资本成本负担较高：与银行借款相比，利息负担、筹资费用均较高，且不能进行债务展期

## 租赁

### （1）租赁的基本形式

- ①直接租赁
- ②售后回租
- ③杠杆租赁
- ④三种租赁方式的对比

| 租赁方式 | 涉及几方 | 租赁物归谁 | 租赁物由谁买 | 合同关系 |
| --- | --- | --- | --- | --- |
| 直接租赁 | 出租人、承租人 | 出租人 | 出租人 | 租赁合同 |
| 售后回租 | 出租人、承租人 | 售前：承租人<br>售后：出租人 | 出租人 | 买卖合同<br>租赁合同 |
| 杠杆租赁 | 出租人、承租人、资金出借人 | 出租人 | 出租人 +<br>资金出借人 | 借款合同<br>租赁合同 |

### （2）租金计算 — ①租金的影响因素

- a. 设备原价及预计残值
  - Ⅰ. 设备买价、运输费、安装调试费、保险费等
  - Ⅱ. 租期满后出售可得的收入
- b. 租赁公司为承租企业购置设备垫付资金所应支付的利息
- c. 租赁手续费：租赁公司承办租赁设备所发生的业务费用，包括业务人员工资、办公费、差旅费等
- d. 利润

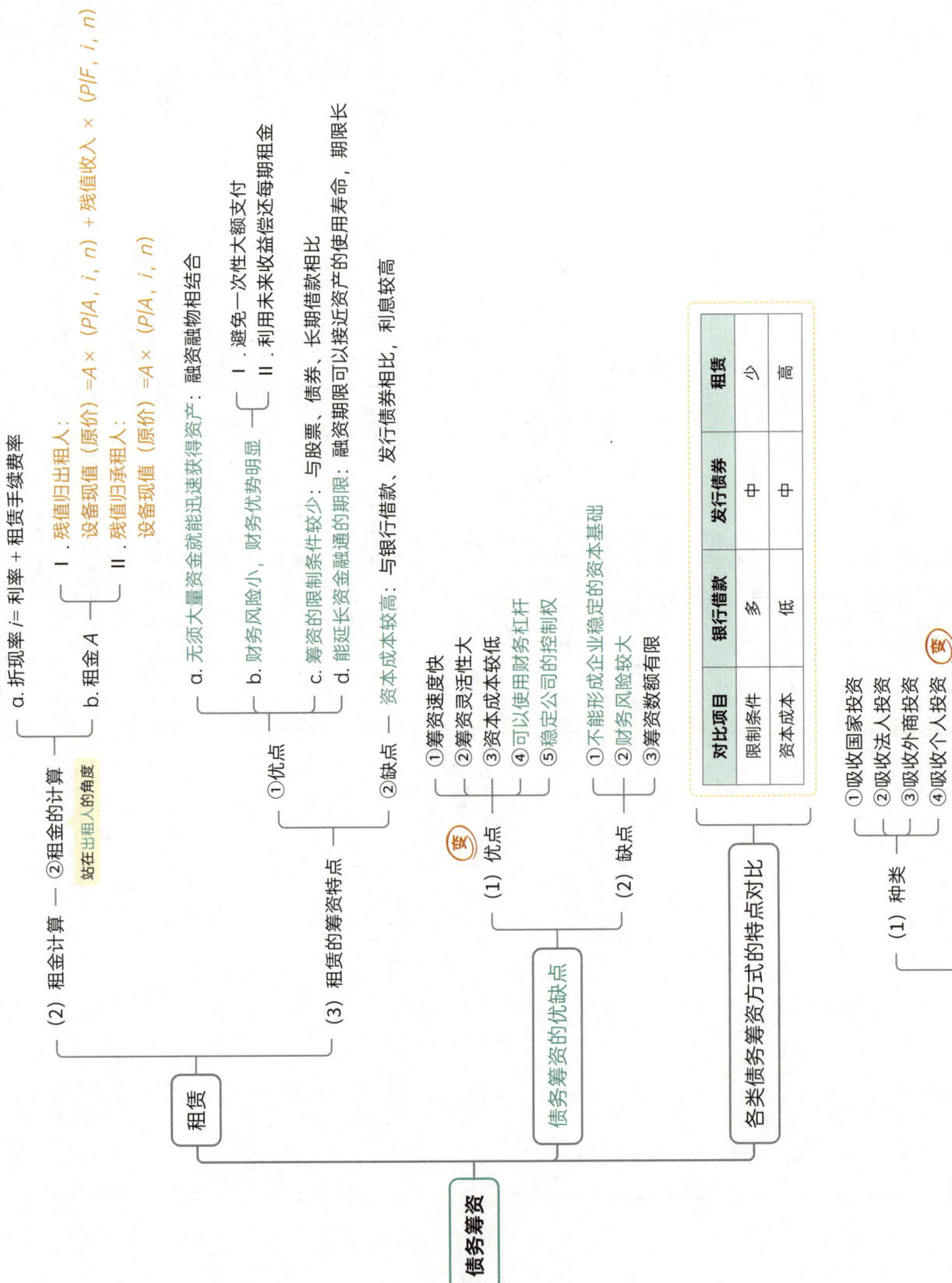

# 筹资管理『上』

- **债务筹资**
  - 租赁
    - （2）租金计算 — ②租金的计算（站在出租人的角度）
      - a. 折现率 $i$= 利率 + 租赁手续费率
      - b. 租金 $A$
        - Ⅰ. 残值归出租人：设备现值（原价）$=A\times(P/A, i, n)$ + 残值收入 $\times(P/F, i, n)$
        - Ⅱ. 残值归承租人：设备现值（原价）$=A\times(P/A, i, n)$
    - （3）租赁的筹资特点
      - ①优点
        - a. 无须大量资金就能迅速获得资产：融资融物相结合
        - b. 财务风险小，财务优势明显
          - Ⅰ. 避免一次性大额支付
          - Ⅱ. 利用未来收益偿还每期租金
        - c. 筹资的限制条件较少：与股票、债券、长期借款相比
        - d. 能延长资金融通的期限：融资期限可以接近资产的使用寿命，期限长
      - ②缺点 — 资本成本较高：与银行借款、发行债券相比，利息较高
  - 债务筹资的优缺点
    - （1）优点（变）
      - ①筹资速度快
      - ②筹资灵活性大
      - ③资本成本较低
      - ④可以使用财务杠杆
      - ⑤稳定公司的控制权
    - （2）缺点
      - ①不能形成企业稳定的资本基础
      - ②财务风险较大
      - ③筹资数额有限
  - 各类债务筹资方式的特点对比

| 对比项目 | 银行借款 | 发行债券 | 租赁 |
|---|---|---|---|
| 限制条件 | 多 | 中 | 少 |
| 资本成本 | 低 | 中 | 高 |

- （1）种类
  - ①吸收国家投资
  - ②吸收法人投资
  - ③吸收外商投资
  - ④吸收个人投资（变）

# 股权筹资

## 吸收直接投资

（2）出资方式

- ①“5 个能”
  - a. 以货币资产出资
  - b. 以实物资产出资
  - c. 以土地使用权出资
  - d. 以知识产权出资
  - e. 以特定债权出资
- ②“6 个不能”（“劳担名特伤（商）心（信）”）
  - a. 劳务
  - b. 信用
  - c. 自然人姓名
  - d. 商誉
  - （以上：价值难以评估）
  - e. 特许经营权
  - f. 设定担保的财产
  - （以上：所有权难以评估）

（3）吸收直接投资的筹资特点

- ①优点
  - a. 能够尽快形成生产能力
  - b. 便于进行信息沟通
  - c. 相较于股票筹资，筹资费用较低
- ②缺点
  - a. 资本成本较高（最高）
  - b. 公司控制权集中，不利于公司治理
  - c. 不便于进行产权交易

## 发行普通股股票

（1）股票的特点与股东的权利

- ①股票的特点
  - a. 永久性
  - b. 流通性
  - c. 风险性
  - d. 参与（管理）性
- ②股东的权利
  - a. 公司管理权
  - b. 收益分享权
  - c. 股份转让权
  - d. 优先认股权（不是优先股股东的权利）
  - e. 剩余财产要求权

（2）我国证券交易所概况

- ①上海证券交易所：主板、科创板
- ②深圳证券交易所：主板、创业板
- ③北京证券交易所：新三板精选层

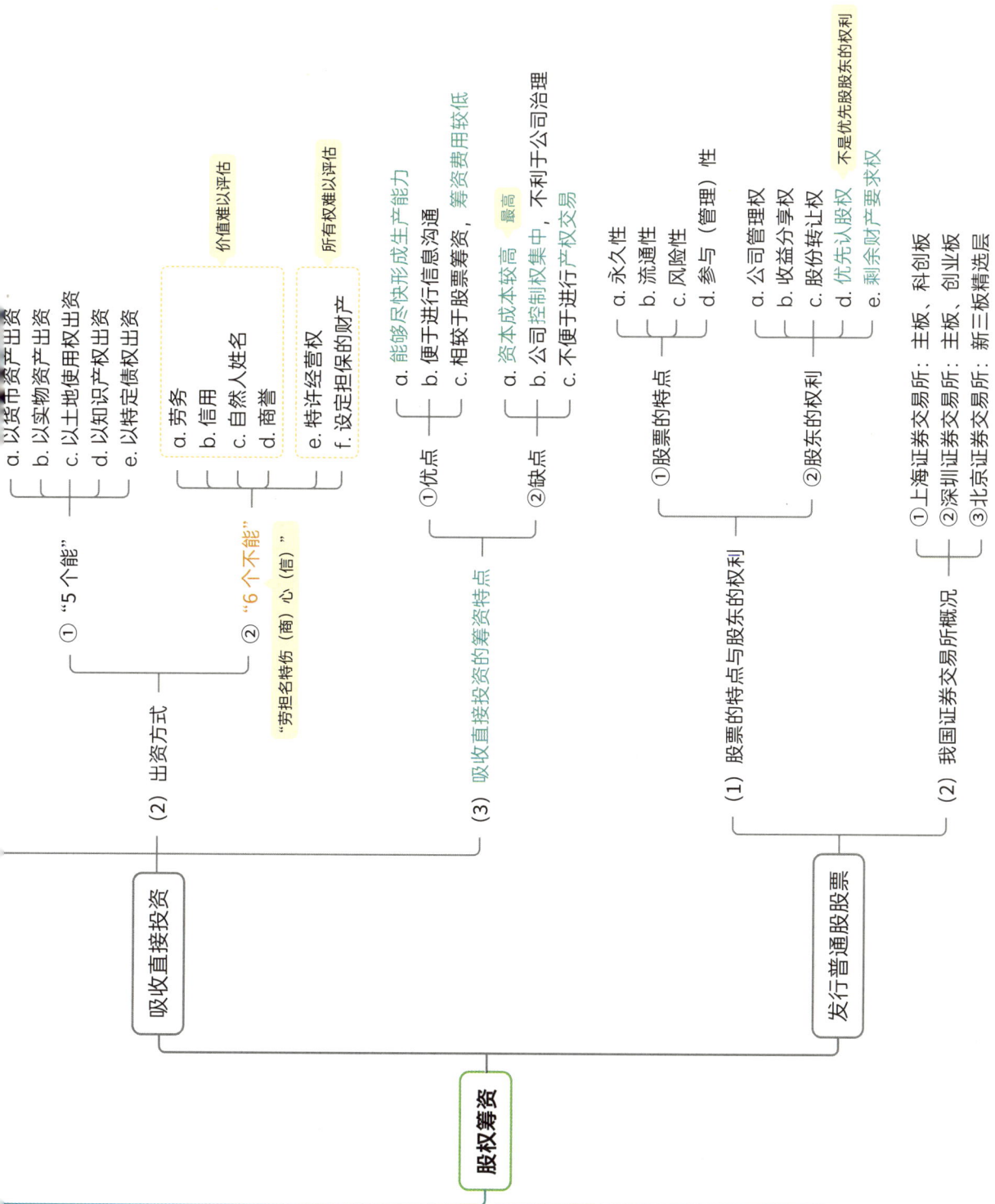

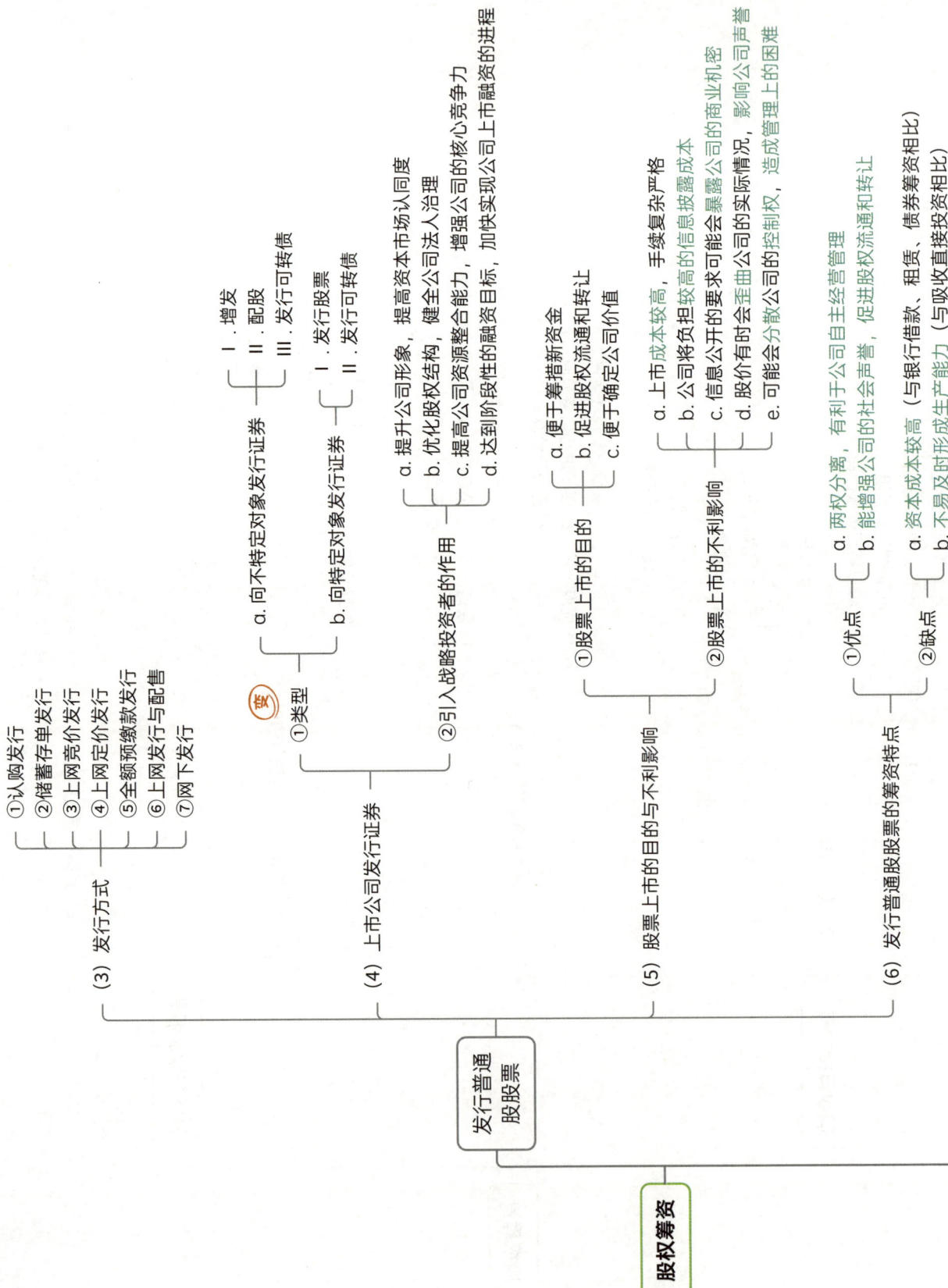

# 筹资管理『上』

## 股权筹资

### 发行普通股股票

- （3）发行方式
  - ①认购发行
  - ②储蓄存单发行
  - ③上网竞价发行
  - ④上网定价发行
  - ⑤全额预缴款发行
  - ⑥上网发行与配售
  - ⑦网下发行
- （4）上市公司发行证券
  - ①类型 变
    - a. 向不特定对象发行证券
      - Ⅰ. 增发
      - Ⅱ. 配股
      - Ⅲ. 发行可转债
    - b. 向特定对象发行证券
      - Ⅰ. 发行股票
      - Ⅱ. 发行可转债
  - ②引入战略投资者的作用
    - a. 提升公司形象，提高资本市场认同度
    - b. 优化股权结构，健全公司法人治理
    - c. 提高公司资源整合能力，增强公司的核心竞争力
    - d. 达到阶段性的融资目标，加快实现公司上市融资的进程
- （5）股票上市的目的与不利影响
  - ①股票上市的目的
    - a. 便于筹措新资金
    - b. 促进股权流通和转让
    - c. 便于确定公司价值
  - ②股票上市的不利影响
    - a. 上市成本较高，手续复杂严格
    - b. 公司将负担较高的信息披露成本
    - c. 信息公开的要求可能会暴露公司的商业机密
    - d. 股价有时会歪曲公司的实际情况，影响公司声誉
    - e. 可能会分散公司的控制权，造成管理上的困难
- （6）发行普通股股票的筹资特点
  - ①优点
    - a. 两权分离，有利于公司自主经营管理
    - b. 能增强公司的社会声誉，促进股权流通和转让
  - ②缺点
    - a. 资本成本较高（与银行借款、租赁、债券筹资相比）
    - b. 不易及时形成生产能力（与吸收直接投资相比）

- 留存收益
  - （1）筹资途径
    - ①提取盈余公积金
    - ②未分配利润
  - （2）筹资特点
    - ①优点
      - a. 不发生筹资费用（与普通股筹资相比）（但有资本成本）
      - b. 维持公司的控制权分布
    - ②缺点：筹资数额有限
- 股权筹资的特点
  - （1）优点
    - ①稳定的资本基础
    - ②良好的信誉基础
    - ③财务风险较小
  - （2）缺点
    - ①资本成本较高
    - ②控制权变更可能影响企业长期稳定发展
    - ③信息沟通与披露成本较大

笔记区

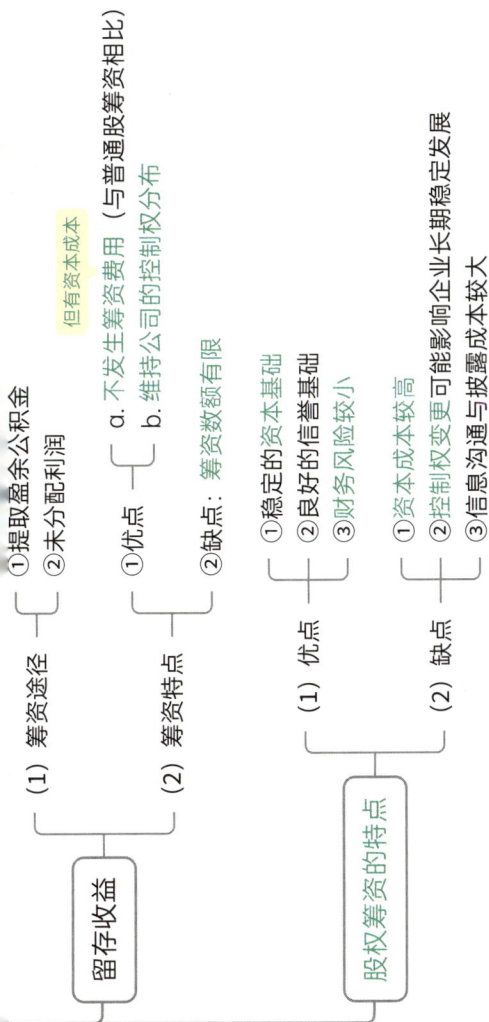

# 筹资管理『上』

## 股权筹资

### 各类股权筹资方式的特点对比

| 对比项目 | 吸收直接投资 | 发行股票 | 留存收益 |
|---|---|---|---|
| 资本成本 | 高（最高） | 中 | 低 |
| 筹资费用 | 低 | 高 | 无 |
| 生产能力的形成 | 易 | 不易 | — |
| 产权交易 | 不易 | 易 | |
| 控制权 | 集中 | 分散 | |
| 公司治理 | 不利于 | 有利于 | |

## 衍生工具筹资

### 认股权证

- （1）性质
  - ①期权性
    - a. 具有实现融资和股票期权激励的双重功能
    - b. 没有普通股的红利收入和投票权
  - ②投资工具：获得市场价与认购价之间的股票差价收益
- （2）筹资特点
  - ①融资促进工具
  - ②有助于改善治理结构
  - ③有利于推进股权激励机制

### 可转换债券

- （1）基本要素
  - ①标的股票
  - ②票面利率：一般会低于普通债券的票面利率
  - ③转换价格
  - ④转换比率 = 债券面值 ÷ 转换价格
  - ⑤转换期
  - ⑥赎回条款
    - a. 适用情况：股价连续高于转股价格
    - b. 受保护方：保护发债方
    - c. 条款功能
      - Ⅰ. 强制债券持有者积极行使转股权，亦称加速条款
      - Ⅱ. 使发债公司避免在市场利率下降后，继续向债券持有人按较高的票面利率付息所蒙受的损失
  - ⑦回售条款
    - a. 适用情况：股价连续低于转股价格
    - b. 受保护方：保护债券持有人
    - c. 条款功能：有利于降低投资者的持券风险
  - ⑧强制性转换条款
    - a. 受保护方：保护发债方
    - b. 条款功能：保证可转换债券顺利地转换成股票，预防投资者到期集中挤兑引发公司破产的悲剧

- （2）筹资特点
  - ①优点
    - a. 筹资功能灵活
    - b. 资本成本较低
    - c. 筹资效率高
  - ②缺点 — 存在财务压力

## 优先股

- （1）基本性质
  - ①约定股息：不会根据公司经营情况而变化
  - ②权利优先：年度利润分配和剩余财产清偿分配方面优先于普通股股东，但次于债权人
  - ③权利范围小
    - a. 无选举权和被选举权
    - b. 对重大经营事情无表决权
    - c. 对与自身利益直接相关的特定事项具有有限表决权
- （2）优先股的种类
  - ①按股息率是否可以调整
    - a. 固定股息率优先股
    - b. 浮动股息率优先股
  - ②按分红是否强制
    - a. 强制分红优先股
    - b. 非强制分红优先股
  - ③按未足额支付部分是否累积
    - a. 累积优先股
    - b. 非累积优先股
  - ④按是否有权参加剩余税后利润分配
    - a. 参与优先股
    - b. 非参与优先股
  - ⑤按是否可以转换为普通股
    - a. 可转换优先股
    - b. 不可转换优先股
  - ⑥按是否有权要求公司回购优先股
    - a. 可回购优先股
    - b. 不可回购优先股
- （3）优先股的特点
  - ①优点
    - a. 有利于丰富资本市场的投资结构
    - b. 有利于股份公司股权资本结构的调整
    - c. 有利于保障普通股收益和控制权
    - d. 有利于降低公司财务风险（与债务筹资相比）
  - ②缺点 — 可能给股份公司带来一定的财务压力（与股权筹资相比）

# 筹资管理『上』

## 各类筹资方式的对比及关键结论

### 债务与股权筹资方式的对比

| 对比项目 | 债务筹资 | 股权筹资 |
|---|---|---|
| 资本成本 | 低 | 高 |
| 控制权 | 稳定 | 不稳定 |
| 资本基础 | 不稳定 | 稳定 |
| 财务风险 | 高 | 低 |
| 财务杠杆 | 有 | 无 |
| 筹资灵活性 | 大 | 小 |
| 筹资数额 | 小 | 大 |

### 资本成本的大小关系

吸收直接投资＞发行股票＞留存收益＞优先股＞可转换债券＞租赁＞发行债券＞银行借款

## 筹资实务创新

### 非公开定向债务融资工具（PPN）

（1）含义：是具有法人资格的非金融企业，向银行间市场特定机构投资人发行债务融资工具取得资金的筹资方式

（2）特点
- ①简化的信息披露要求
- ②发行规模没有明确限制
- ③发行方案灵活
- ④融资工具有限度流通
- ⑤发行价格存在流动性溢价

### 私募股权投资（PE 投资）

（1）含义：在资金募集上，主要通过非公开方式面向少数机构投资者或高净值个人募集，它的销售和赎回都是基金管理人通过私下与投资者协商进行的。非上市公司获得私募股权投资，是一种股权筹资方式

（2）特点
- ①主要通过非公开方式募集
- ②多采取权益型投资方式，绝少涉及债权投资
- ③投资的企业一般是非上市企业
- ④投资期限较长，一般可达 3 ~ 5 年或更长，属于中长期投资
- ⑤流动性差
- ⑥是被投资企业的重要股权筹资方式

- 产业基金
  - （1）含义：产业投资基金，向具有高增长潜力的未上市企业进行投资，并参与被投资企业的经营管理，此后通过转让股权实现资本保证
  - （2）特点
    - ①主要投资于新兴的、有巨大增长潜力的企业
    - ②企业获得产业投资基金投资，是一种股权筹资方式
    - ③政府出资产业投资基金是我国产业基金的主要形式
- 商业票据融资
  - （1）含义：通过商业票据进行融通资金
  - （2）特点：融资成本较低、灵活方便
- 中期票据融资
  - （1）含义：具有法人资格的非金融类企业在银行间债券市场按计划分期发行的、约定在一定期限还本付息的债务融资工具
  - （2）发行要求
    - ①具有稳定的偿债资金来源
    - ②拥有连续 3 年的经审计的会计报表，且最近 1 个会计年度盈利
    - ③主体信用评级达到 AAA
    - ④待偿还债券余额不超过企业净资产的 40%
    - ⑤募集资金应用于企业生产经营活动，并在发行文件中明确披露资金用途
    - ⑥发行利率、发行价格和相关费用由市场化方式确定
  - （3）特点
    - ①发行机制灵活
      - a. 注册制发行，一次注册通过后两年内可分次发行
      - b. 可选择固定利率或浮动利率，到期还本付息
      - c. 付息可选择按年或季等
    - ②用款方式灵活
    - ③融资额度大
    - ④使用期限长
    - ⑤成本较低
    - ⑥无须担保抵押
- 股权众筹融资
  - （1）含义：通过互联网形式进行公开小额股权融资的活动
  - （2）相关要求
    - ①必须通过股权众筹融资中介机构平台进行
    - ②融资方应为小微企业，应通过股权众筹融资中介机构向投资人如实披露企业的关键信息，不得误导或欺诈投资者
    - ③由中国证监会负责监管

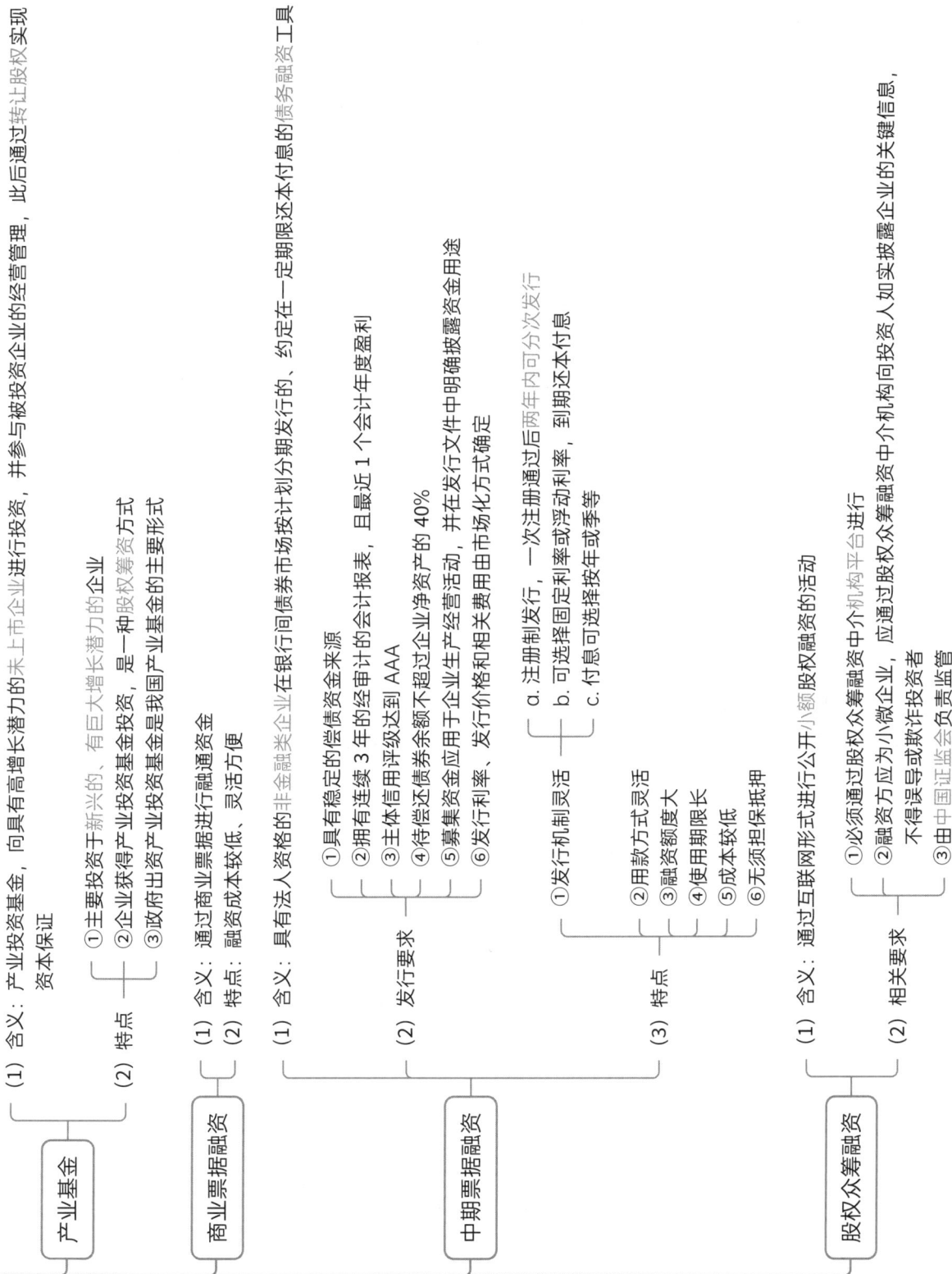

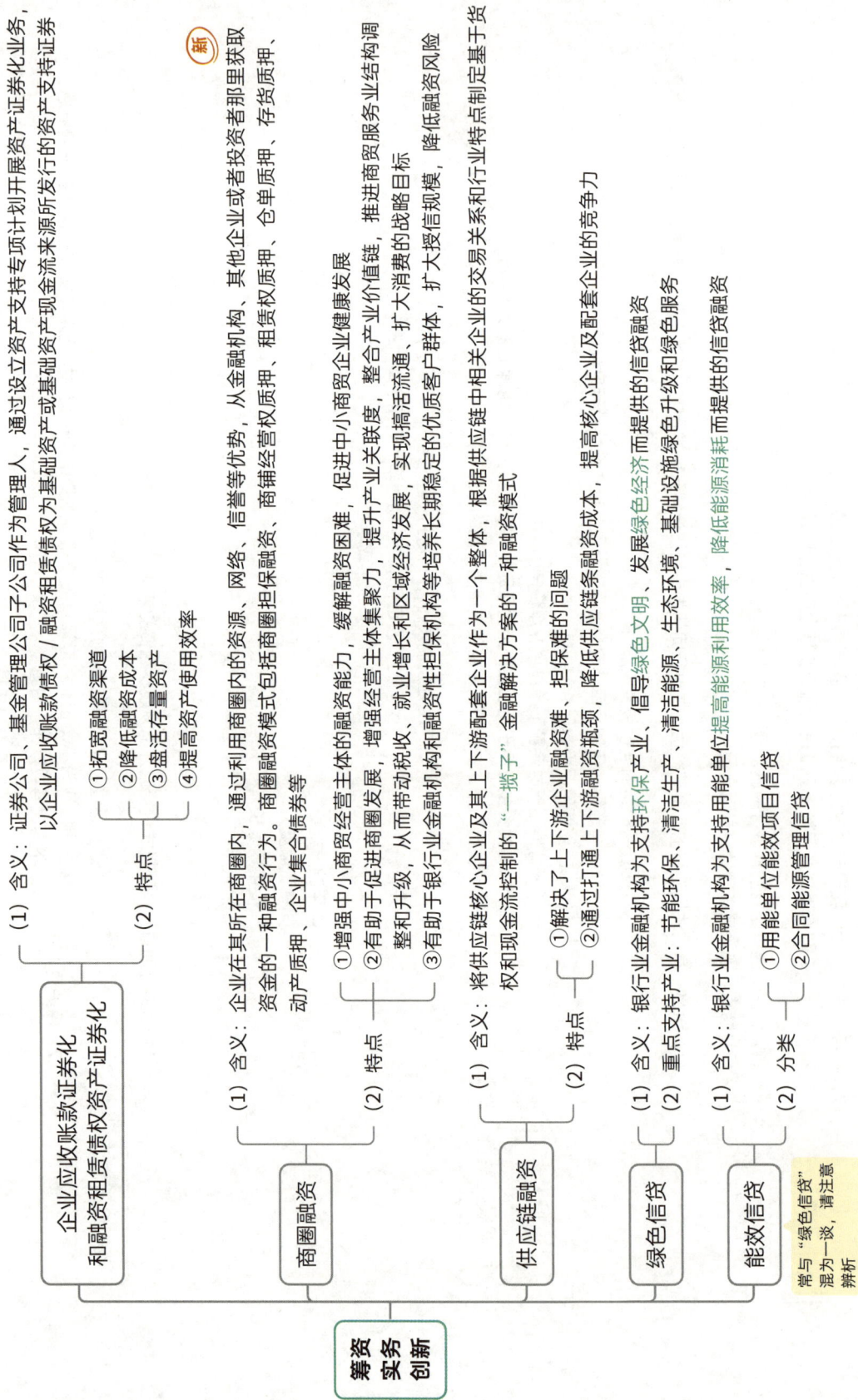

# 筹资管理『上』

## 筹资实务创新

### 企业应收账款证券化和融资租赁债权资产证券化

- (1) 含义：证券公司、基金管理公司子公司作为管理人，通过设立资产支持专项计划开展资产证券化业务，以企业应收账款债权 / 融资租赁债权为基础资产或基础资产现金流来源所发行的资产支持证券
- (2) 特点
  - ①拓宽融资渠道
  - ②降低融资成本
  - ③盘活存量资产
  - ④提高资产使用效率

### 商圈融资 新

- (1) 含义：企业在其所在商圈内，通过利用商圈内的资源、网络、信誉等优势，从金融机构、其他企业或者投资者那里获取资金的一种融资行为。商圈融资模式包括商圈担保融资、商铺经营权质押、租赁权质押、仓单质押、存货质押、动产质押、企业集合债券等
- (2) 特点
  - ①增强中小商贸经营主体的融资能力，缓解融资困难，促进中小商贸企业健康发展
  - ②有助于促进商圈发展，增强经营主体集聚力，提升产业关联度，整合产业价值链，推进商贸服务业结构调整和升级，从而带动税收、就业增长和区域经济发展，实现搞活流通、扩大消费的战略目标
  - ③有助于银行业金融机构和融资性担保机构等培养长期稳定的优质客户群体，扩大授信规模，降低融资风险

### 供应链融资

- (1) 含义：将供应链核心企业及其上下游配套企业作为一个整体，根据供应链中相关企业的交易关系和行业特点制定基于货权和现金流控制的“一揽子”金融解决方案的一种融资模式
- (2) 特点
  - ①解决了上下游企业融资难、担保难的问题
  - ②通过打通上下游融资瓶颈，降低供应链条融资成本，提高核心企业及配套企业的竞争力

### 绿色信贷

- (1) 含义：银行业金融机构为支持环保产业、倡导绿色文明、发展绿色经济而提供的信贷融资
- (2) 重点支持产业：节能环保、清洁生产、清洁能源、生态环境、基础设施绿色升级和绿色服务

### 能效信贷

常与“绿色信贷”混为一谈，请注意辨析

- (1) 含义：银行业金融机构为支持用能单位提高能源利用效率，降低能源消耗而提供的信贷融资
- (2) 分类
  - ①用能单位能效项目信贷
  - ②合同能源管理信贷

笔记区

# 第五章 筹资管理（下）（考12分）

## 筹资管理『下』

### 资金需要量预测

- **因素分析法（预测总量）**
  - (1) 公式 — 资金需要量 =（基期资金平均占用额 − 不合理资金占用额）×（1+ 预测期销售增长率）÷（1+ 预测期资金周转速度增长率）
    - "（加）减乘除"
    - "一个剔除，两个调整"
  - (2) 特点
    - ①计算简便，容易掌握，但预测结果不太精确
    - ②通常用于品种繁多、规格复杂、资金用量较小的项目
- **销售百分比法（预测增量）**
  - (1) 原理 — 收入↑→资产↑→资金需求↑
  - (2) 敏感程度假设（3+2）
    - 在主观题中，题目会明确告知何为敏感性资产和敏感性负债，无须自行判断
    - ①敏感性资产
      - a. 库存现金
      - b. 应收账款
      - c. 存货
    - ②敏感性负债（不包括短期借款、短期融资券、长期负债等）
      - a. 应付票据
      - b. 应付账款
  - (3) 计算步骤
    - ①确定销售百分比
      - a. 敏感性资产销售百分比 = 基期经营资产 ÷ 基期营业收入
      - b. 敏感性负债销售百分比 = 基期经营负债 ÷ 基期营业收入
    - ②确定融资总需求
      - a. 融资总需求 = 增加的敏感性资产 − 增加的敏感性负债
      - b. 融资总需求 = 销售额增加 ×（敏感性资产销售百分比 − 敏感性负债销售百分比）　Δ 收入 × 比差
      - c. 融资总需求 = 预计销售额增长率 ×（基期敏感性资产 − 基期敏感性负债）　收入 %× 基差
    - ③预计增加的留存收益
      - a. 增加的留存收益 = 预计净利润 × 预计利润留存率
      - b. 增加的留存收益 = 预计销售额 × 预计销售净利率 × 预计利润留存率
      - c. 增加的留存收益 = 预计销售额 × 预计销售净利率 ×（1− 预计股利支付率）
    - ④确定外部融资额 — 外部融资额 = 融资总需求 − 增加的留存收益（+ 增加的固定资产等）
      - 非敏感性经营资产（如固定资产）增加，外部筹资需要量也相应增加

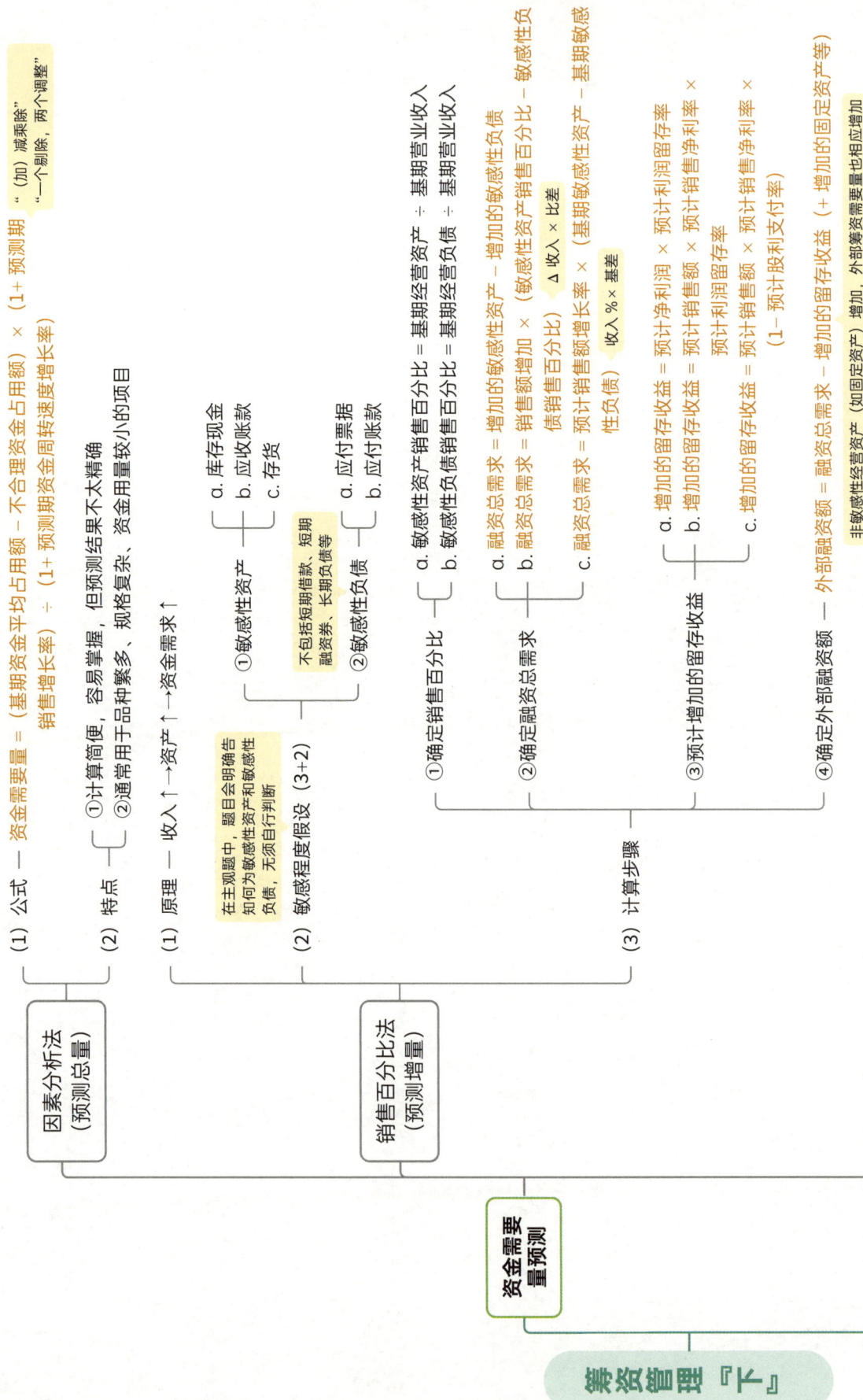

- 资金习性预测法（预测总量）
  - （1）资金习性的分类
    - ①不变资金
      - a. 含义 — 不受产销量变动的影响而保持固定不变的那部分资金
      - b. 示例
        - Ⅰ. 为维持营业而占用的最低数额的现金
        - Ⅱ. 原材料的保险储备
        - Ⅲ. 必要的成品储备
        - Ⅳ. 厂房、机器设备等固定资产占用的资金
    - ②变动资金
      - a. 含义 — 随产销量的变动而同比例变动的那部分资金
      - b. 示例
        - Ⅰ. 直接构成产品实体的原材料、外购件等占用的资金
        - Ⅱ. 在最低储备以外的现金、存货、应收账款
    - ③半变动资金
      - a. 含义 — 受产销量变化的影响，但不呈同比例变动的资金（不变 + 变动）
      - b. 示例 — 辅助材料上占用的资金
  - （2）资金习性模型 $Y=a+bX$
    - ①回归直线方程法
      - $a=\dfrac{\Sigma X^2\Sigma Y-\Sigma X\Sigma XY}{n\Sigma X^2-(\Sigma X)^2}$ 或 $a=\dfrac{\Sigma Y-b\Sigma X}{n}$
      - $b=\dfrac{n\Sigma XY-\Sigma X\Sigma Y}{n\Sigma X^2-(\Sigma X)^2}$
    - ②高低点法（产销量的高低）
      - 最高收入期（产销量）资金占用量 $=a+b\times$ 最高销售收入（产销量）
      - 最低收入期（产销量）资金占用量 $=a+b\times$ 最低销售收入（产销量）

# 资本成本

- 资本成本的分类
  - （1）筹资费用（拿到钱之前的成本）
    - a. 含义 — 筹措过程中为获取资本而付出的代价，视为筹资数额的一项扣除
    - b. 举例
      - Ⅰ. 借款手续费
      - Ⅱ. 发行股票、债券的发行费
  - （2）用资费用（拿到钱之后的成本）
    - a. 含义 — 使用过程中因占用资本而付出的代价
    - b. 举例
      - Ⅰ. 向债权人支付的利息
      - Ⅱ. 向股东支付的股利
- 影响资本成本的因素（投资者风险↑→要求的收益↑→资本成本↑）
  - （1）总体经济环境：总体经济环境差→投资风险大→必要收益率高→资本成本率高
  - （2）资本市场条件：资本市场效率差→证券流动性低→投资风险大→必要收益率高→资本成本高
  - （3）经营状况和融资状况：经营风险高、财务风险大→总体风险高→必要收益率高→资本成本高
  - （发生“坏事”，资本成本就会升高）
  - （4）筹资规模和时限：资金规模大、占用时间长→资本成本高（借钱的数量多、时间长，资本成本就会升高）

# 筹资管理『下』

## 资本成本

### 个别资本成本的计算

付出 / 得到

- （1）银行借款（长期）
  - ①公式
    - a. 一般模式
      - Ⅰ. $K=\frac{借款本金\times 年利率\times（1-所得税税率）}{借款本金\times（1-筹资费用率）}$
      - Ⅱ. $K=\frac{年利率\times（1-所得税税率）}{1-筹资费用率}$
    - b. 贴现模式：令收到的 PV= 未来付出的 PV，求 $i$
  - ②要点：分子扣税，分母扣费
- （2）发行债券
  - ①公式
    - a. 一般模式：$K=\frac{债券面值\times 票面利率\times（1-所得税税率）}{债券的发行价格\times（1-筹资费用率）}$
    - b. 贴现模式：令收到的 PV= 未来付出的 PV，求 $i$
  - ②要点
    - a. 分子扣税，分母扣费
    - b. 分子用债券面值，分母用债券发行价格
- （3）优先股
  - ①公式：$K=\frac{年固定股息}{发行价格\times（1-筹资费用率）}$
  - ②要点：分子不扣税（优先股股息是税后支付的，没有抵税效应）
- （4）普通股
  - ①公式
    - a. 股利增长模型：$K_s=\frac{D_1}{P_0\times(1-f)}+g=\frac{D_0(1+g)}{P_0\times(1-f)}+g$
    - b. 资本资产定价模型：$K_s=R_f+\beta(R_m-R_f)$
  - ②要点：股利增长模型中 $D_0$ 和 $D_1$ 的区别
    - a. $D_0$
      - Ⅰ. 含义：已经发放的股利
      - Ⅱ. 举例
        - · 上年的股利
        - · 刚刚发放的股利
        - · 最近刚发放的股利
    - b. $D_1$
      - Ⅰ. 含义：尚未发放的股利
      - Ⅱ. 举例
        - · 预计的本年股利
        - · 第一年的股利
        - · 一年后的股利
        - · 本年将要发放的股利
- （5）留存收益
  - ①公式
    - a. 股利增长模型：$K_s=\frac{D_1}{P_0}+g$
    - b. 资本资产定价模型：$K_s=R_f+\beta(R_m-R_f)$
  - ②要点：不考虑筹资费用

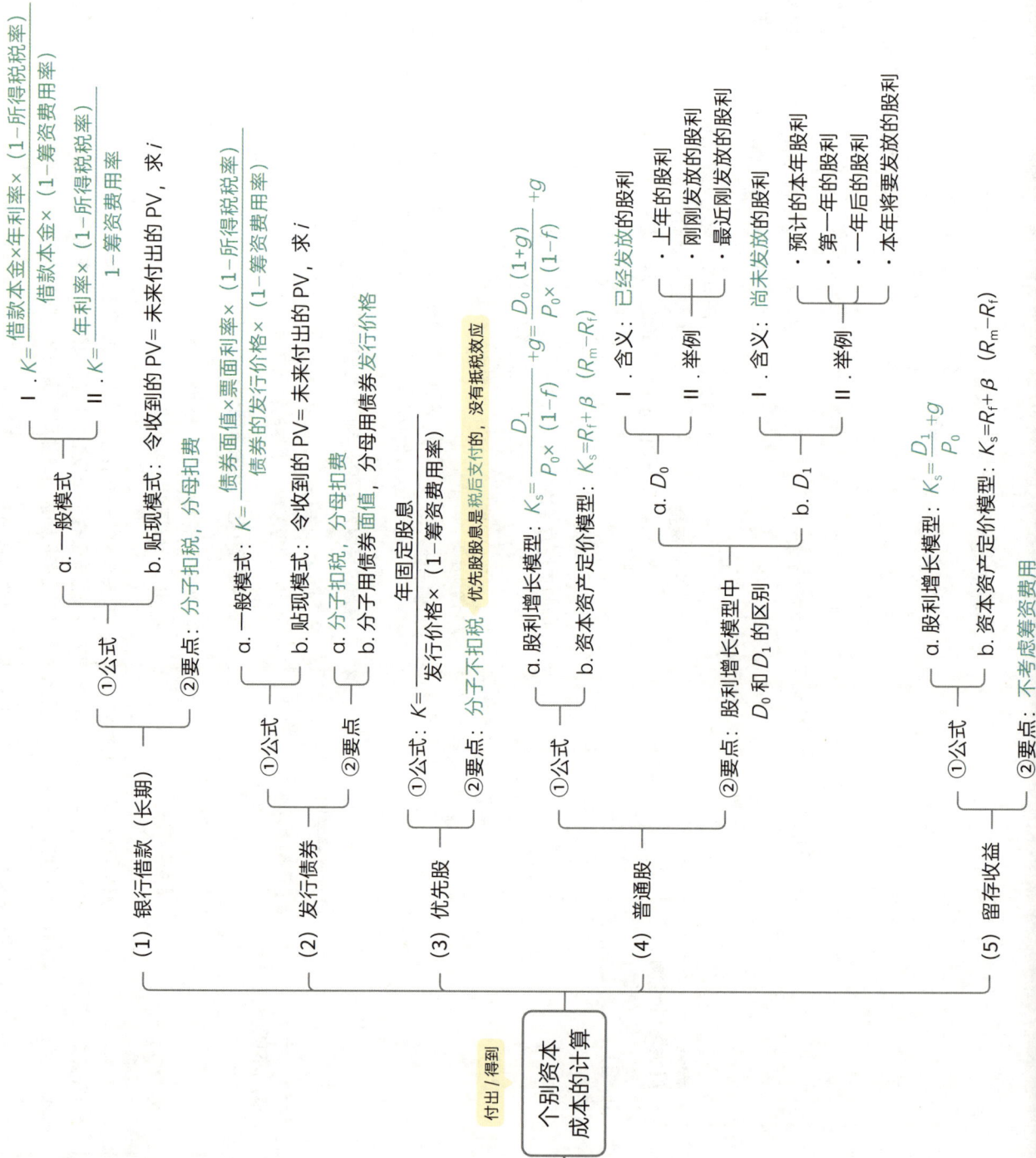

## 平均资本成本的计算

- （1）含义：对各项个别资本成本进行加权平均（权数为各项个别资本在总资本中的比重）
- （2）公式：$K_w=\sum_{j=1}^{n}K_jW_j$
- （3）权数的确定
  - ①账面价值权数（过去）
    - a. 计算基础：会计报表账面价值
    - b. 优缺点
      - Ⅰ. 优点：·资料容易取得 ·计算结果比较稳定
      - Ⅱ. 缺点：·不能反映现时资本成本水平 ·不适合评价现时的资本结构
  - ②市场价值权数（现在）
    - a. 计算基础：现行市价（当前的市场价值）
    - b. 优缺点
      - Ⅰ. 优点：·能够反映现时的资本成本水平 ·有利于进行资本结构决策
      - Ⅱ. 缺点：·现行市价经常变动，不易取得 ·不适用未来的筹资决策
  - ③目标价值权数（未来）
    - a. 计算基础：预计的未来价值
    - b. 优缺点
      - Ⅰ. 优点 — 适用于未来的筹资决策
      - Ⅱ. 缺点 — 目标价值的确定具有主观性

## 边际资本成本的计算

- （1）含义：企业追加筹资的成本，是企业进行追加筹资的决策依据
- （2）权数的确定：目标价值权数

## 项目资本成本

- （1）使用企业当前综合资本成本（同时满足）
  - ①等风险假设（经营风险相同）
  - ②等资本结构假设（财务风险相同）
- （2）运用可比公司法估计
  - ①卸载可比公司财务杠杆：$\beta_{资产}=\beta_{权益}\div[1+(1-T)\times(负债/权益)]$
  - ②加载待估计的投资项目财务杠杆：$\beta_{权益}=\beta_{资产}\times[1+(1-T)\times(负债/权益)]$
  - ③根据得出的投资项目 $\beta_{权益}$ 计算股东权益成本 $=R_f+\beta_{权益}\times(R_m-R_f)$（将②的结果代入"资本资产定价模型"）
  - ④计算投资项目的资本成本 = 债务资本成本 × 债务资本比重 + 股权资本成本 × 股权资本比重
    = 负债利率 × $(1-T)$ × 债务资本比重 + 股权资本成本 × 股权资本比重
    （债务资本成本要记得转化成税后的资本成本）

# 筹资管理『下』

- **杠杆效应**
  - 经营杠杆效应
    - (1) 含义
      - ①由于固定性经营成本的存在，使企业的资产收益（EBIT）变动率大于产销业务量（$Q$ 或 $S$）变动率的现象
      - ②反映了资产收益的波动性，用以评价企业的经营风险
    - (2) 经营杠杆系数（DOL）
      - ①定义公式：$DOL=\dfrac{\Delta EBIT/EBIT_0}{\Delta Q/Q_0}$
      - ②推导公式：$DOL=\dfrac{M_0}{M_0-F_0}=\dfrac{EBIT_0+F_0}{EBIT_0}=1+\dfrac{F_0}{EBIT_0}$
      - ③要点
        - a. 固定成本 =0 时，则经营杠杆系数 =1，即不存在经营杠杆效应（不存在放大效应）
        - b. 固定成本≠ 0 时，则通常经营杠杆系数都是＞ 1，即存在经营杠杆效应
    - (3) 经营杠杆与经营风险
      - ①经营杠杆放大了市场和生产等因素变化对利润波动的影响
      - ②经营杠杆系数越高，表明息税前利润受产销量变动的影响程度越大，经营风险也就越大
      - ③在 EBIT 为正的前提下，只要存在固定性经营成本，就存在经营杠杆效应，经营杠杆系数恒大于 1，不会为负数
      - ④影响经营杠杆的因素
        - a. 固定成本比重（$F$）：同向
        - b. 息税前利润水平（EBIT）
          - Ⅰ. 产品销售数量（$Q$）：反向
          - Ⅱ. 销售价格（$P$）：反向
          - Ⅲ. 成本水平（$V$、$F$）：同向
      - ⑤企业处于盈亏临界点（EBIT=0）时，经营杠杆系数趋于无穷大
  - 财务杠杆效应
    - (1) 含义
      - ①由于固定性资本成本的存在，使企业的普通股收益（EPS）变动率大于息税前利润（EBIT）变动率的现象
      - ②反映了权益资本收益的波动性，用以评价企业的财务风险
    - (2) 财务杠杆系数（DFL）
      - ①定义公式：$DFL=\dfrac{\Delta EPS/EPS_0}{\Delta EBIT/EBIT_0}$
      - ②推导公式：$DFL=\dfrac{EBIT_0}{EBIT_0-I_0-\dfrac{D_p}{1-T}}$
      - ③要点
        - a. 固定融资成本（债务利息和优先股股利）=0 时，则财务杠杆系数 =1，即不存在财务杠杆效应（不存在放大效应）
        - b. 固定融资成本≠ 0 时，则通常财务杠杆系数都是＞ 1，即存在财务杠杆效应

(3) 财务杠杆与财务风险

- ①引起财务风险的主要原因
  - a. 资产收益的不利变化
  - b. 资本成本的固定负担
- ②财务杠杆系数越高，表明普通股收益的波动程度越大，财务风险也就越大
- ③在普通股收益为正的前提下，只要存在固定性资本成本，就存在财务杠杆效应，财务杠杆系数最低为 1，不会为负数
- ④当息税前利润 = 利息 + 优先股股利 /（1－所得税税率）时，EPS=0，财务杠杆系数趋于无穷大

## 总杠杆效应

(1) 含义：由于固定性经营成本和固定性资本成本的存在，导致普通股每股收益（EPS）变动率大于产销业务量（$Q$ 或 $S$）变动率的现象

(2) 总杠杆系数（DTL）

- ①定义公式：$DTL=\frac{\Delta EPS/EPS_0}{\Delta Q/Q_0}$
- ②推导公式：DTL=DOL × DFL
  - a. 不存在优先股时：$DTL=\frac{EBIT_0+F_0}{EBIT_0-I_0}$
  - b. 存在优先股时：$DTL=\frac{EBIT_0+F_0}{EBIT_0-I_0-\frac{D_p}{1-T}}$

(3) 总杠杆与公司风险

在 DTL（总风险水平）一定的情况下，DOL 与 DFL 此消彼长（经营风险与财务风险错配原则）

| 企业类型 | 特征 | 经营杠杆（经营风险） | 财务杠杆（财务风险） | 筹资方式 |
|---|---|---|---|---|
| 资本密集型 | 固定资产比重大 | 高 | 低 | 权益资本 |
| 劳动密集型 | 变动成本比重大 | 低 | 高 | 债务资本 |
| 初创期 | 产销业务量小 | 高 | 低 | 权益资本 |
| 扩张成熟期 | 产销业务量大 | 低 | 高 | 债务资本 |

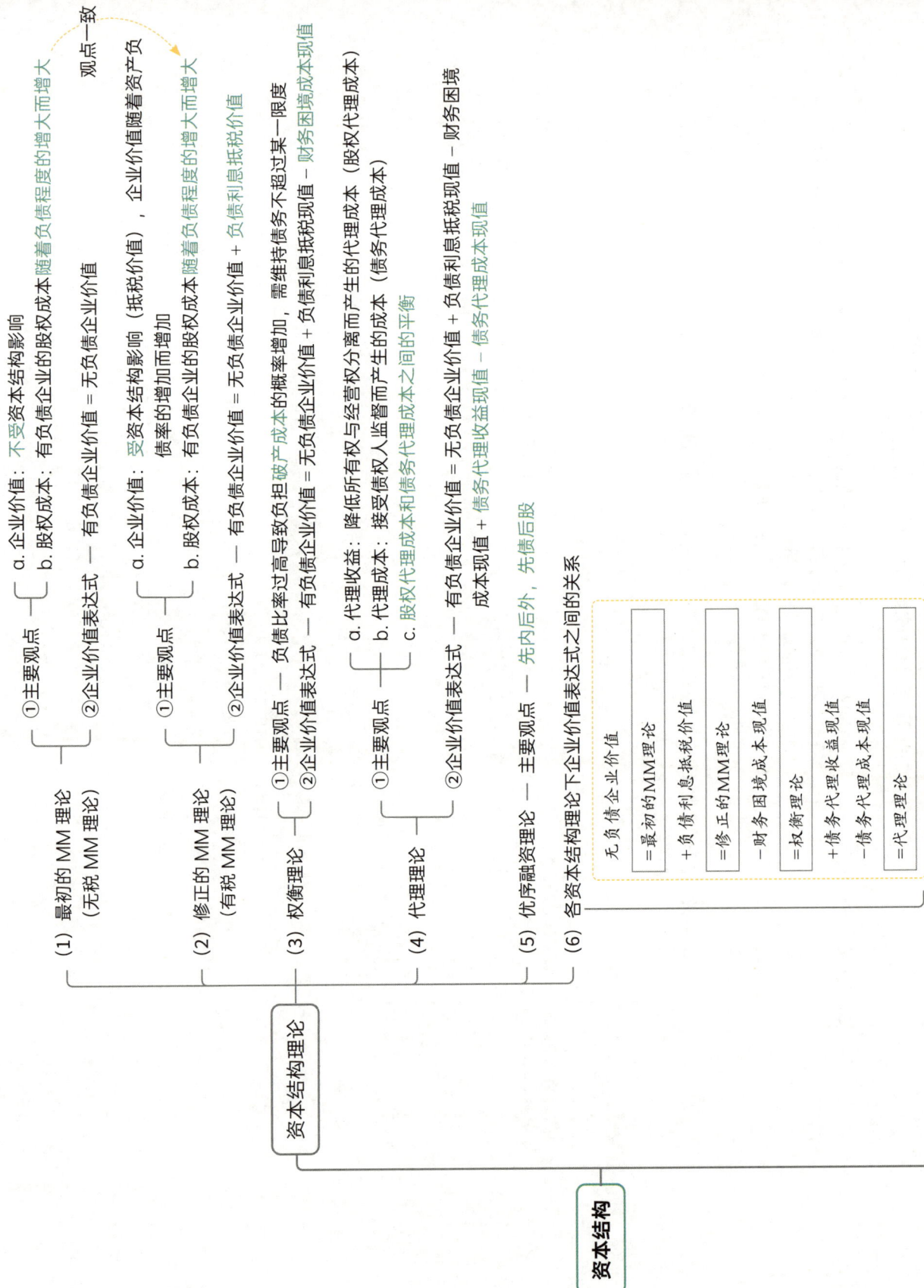

# 筹资管理『下』

## 资本结构

### 资本结构理论

- (1) 最初的 MM 理论（无税 MM 理论）
  - ①主要观点
    - a. 企业价值：不受资本结构影响
    - b. 股权成本：有负债企业的股权成本随着负债程度的增大而增大
  - ②企业价值表达式 — 有负债企业价值 = 无负债企业价值
- (2) 修正的 MM 理论（有税 MM 理论）
  - ①主要观点
    - a. 企业价值：受资本结构影响（抵税价值），企业价值随着资产负债率的增加而增加
    - b. 股权成本：有负债企业的股权成本随着负债程度的增大而增大
  - ②企业价值表达式 — 有负债企业价值 = 无负债企业价值 + 负债利息抵税价值
- 观点一致（最初的 MM 理论与修正的 MM 理论关于股权成本的观点）
- (3) 权衡理论
  - ①主要观点 — 负债比率过高导致负担破产成本的概率增加，需维持债务不超过某一限度
  - ②企业价值表达式 — 有负债企业价值 = 无负债企业价值 + 负债利息抵税现值 − 财务困境成本现值
- (4) 代理理论
  - ①主要观点
    - a. 代理收益：降低所有权与经营权分离而产生的代理成本（股权代理成本）
    - b. 代理成本：接受债权人监督而产生的成本（债务代理成本）
    - c. 股权代理成本和债务代理成本之间的平衡
  - ②企业价值表达式 — 有负债企业价值 = 无负债企业价值 + 负债利息抵税现值 − 财务困境成本现值 + 债务代理收益现值 − 债务代理成本现值
- (5) 优序融资理论 — 主要观点 — 先内后外，先债后股
- (6) 各资本结构理论下企业价值表达式之间的关系

| |
|---|
| 无负债企业价值 |
| =最初的MM理论 |
| +负债利息抵税价值 |
| =修正的MM理论 |
| −财务困境成本现值 |
| =权衡理论 |
| +债务代理收益现值 |
| −债务代理成本现值 |
| =代理理论 |

- 影响资本结构的因素
  - (1) 企业可接受财务风险的高低
    - ①可接受财务风险高，则负债比重↑
    - ②可接受财务风险低，则负债比重↓
  - (2) 取得负债的难度
    - ①容易取得，则负债比重↑
    - ②不易取得，则负债比重↓
  - (3) 取得负债的成本
    - ①成本低，则负债比重↑
    - ②成本高，则负债比重↓
  - (4) 取得负债的收益
    - ①税率高，则负债比重↑（抵税效果明显）
    - ②税率低，则负债比重↓
  - (5) 对于控制权的态度
    - ①希望集中，则负债比重↑
    - ②希望分散，则负债比重↓
- 资本结构优化
  - (1) 每股收益分析法
    - ①决策原则：选择能够提高普通股每股收益的筹资方式
    - ②决策方法
      - a. 计算每股收益无差别点
        - $$\frac{(\overline{EBIT}-I_1)\times(1-T)-DP_1}{N_1}=\frac{(\overline{EBIT}-I_2)\times(1-T)-DP_2}{N_2}$$
      - b. 比较预期息税前利润与每股收益无差别点的大小
        - “雨（预）大宅（债）在家”
        - Ⅰ. 预期息税前利润>每股收益无差别点，选择债务筹资方案
        - Ⅱ. 预期息税前利润<每股收益无差别点，选择股权筹资方案
        - “雨（预）小找顾（股）老师学习”
  - (2) 平均资本成本比较法 — 通过计算比较各种可能的筹资组合方案的平均资本成本，选择平均资本成本最低的方案
  - (3) 公司价值分析法
    - ①要点 — 在考虑市场风险的基础上，以公司市场价值为标准，进行资本结构优化
    - ②决策方法
      - a. 计算公司价值
        - Ⅰ. 企业价值（$V$）= 股权资本价值（$S$）+ 债务资本价值（$B$）
        - Ⅱ. 假设公司各期的 EBIT 保持不变（永续年金），股权资本的市场价值 $S=\frac{(EBIT-I)(1-T)}{K_S}$　$K_S=R_f+\beta(R_m-R_f)$
        - Ⅲ. 为简化分析，债务资本的市场价值 $B$ 等于其面值
      - b. 计算平均资本成本 — 平均资本成本 = 债务资本成本 × 债务资本比重($B/V$) + 股权资本成本 × 股权资本比重($S/V$)
        - 债务资本成本要记得转化成税后的资本成本
      - c. 决策 — 寻求使企业价值最大、平均资本成本最低的资本结构

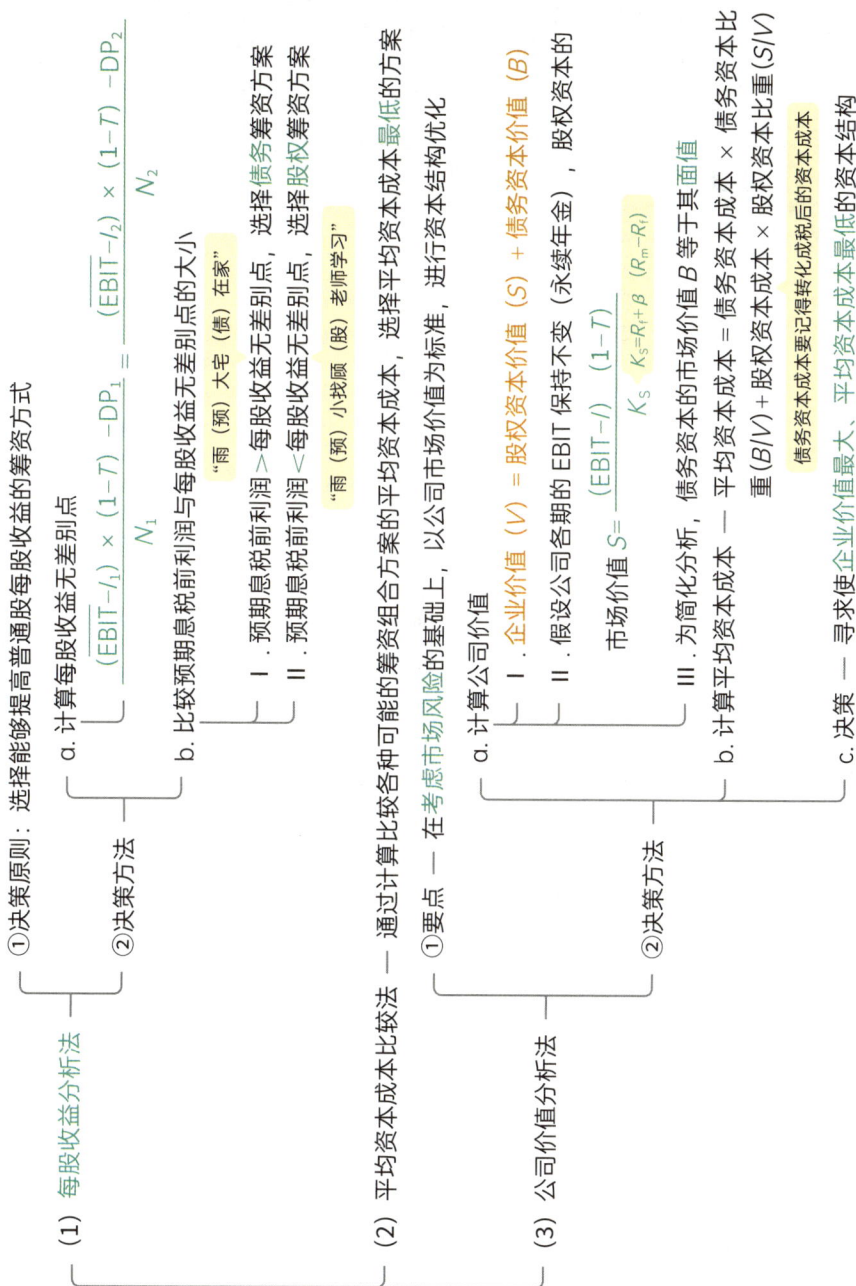

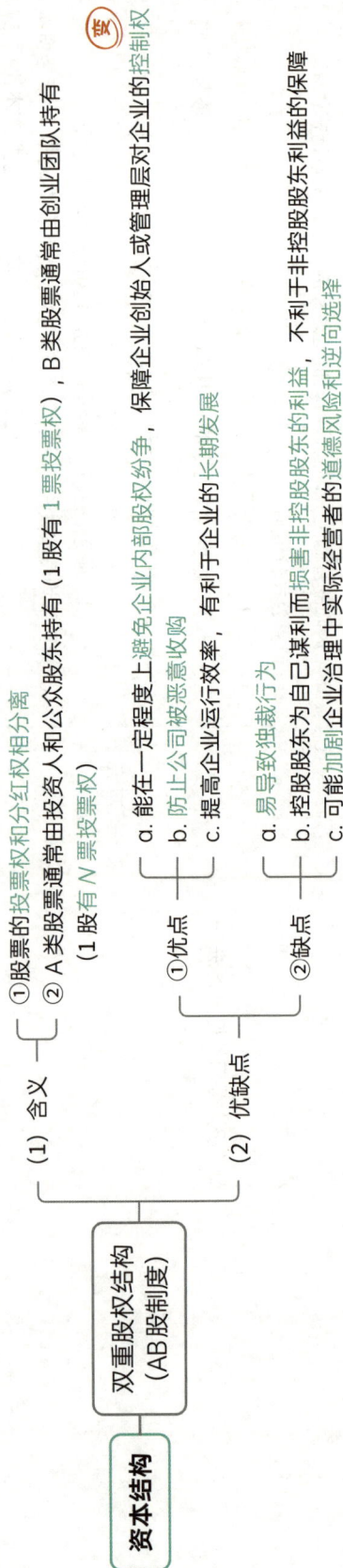

# 筹资管理『下』

## 资本结构

### 双重股权结构（AB股制度）

- （1）含义
  - ①股票的投票权和分红权相分离
  - ② A 类股票通常由投资人和公众股东持有（1 股有 1 票投票权），B 类股票通常由创业团队持有（1 股有 $N$ 票投票权）
- （2）优缺点
  - ①优点
    - a. 能在一定程度上避免企业内部股权纷争，保障企业创始人或管理层对企业的控制权 变
    - b. 防止公司被恶意收购
    - c. 提高企业运行效率，有利于企业的长期发展
  - ②缺点
    - a. 易导致独裁行为
    - b. 控股股东为自己谋利而损害非控股股东的利益，不利于非控股股东利益的保障
    - c. 可能加剧企业治理中实际经营者的道德风险和逆向选择

笔记区

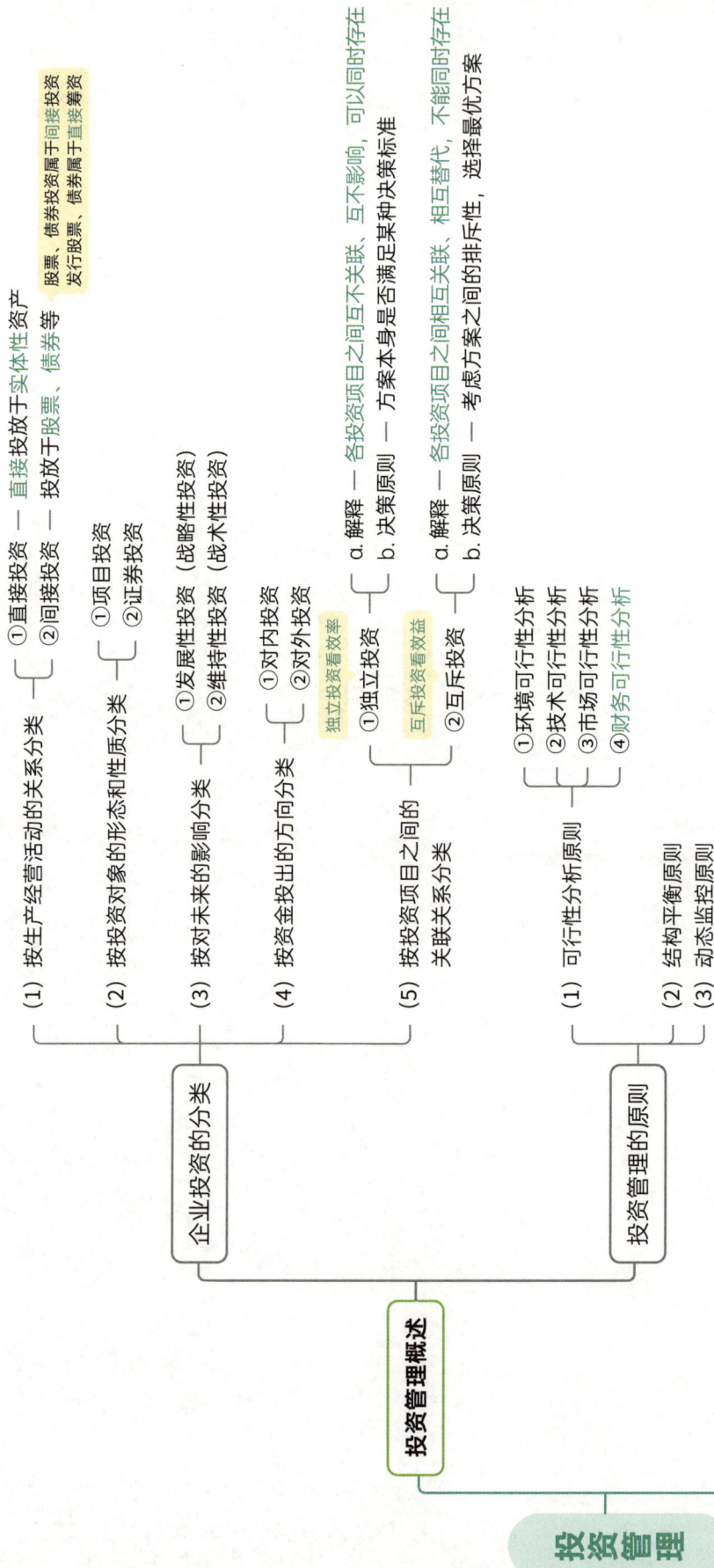

# 第六章 投资管理

（考12分）

## 投资管理

### 投资管理概述

- 企业投资的分类
  - (1) 按生产经营活动的关系分类
    - ①直接投资 — 直接投放于实体性资产
    - ②间接投资 — 投放于股票、债券等
      - 股票、债券投资属于间接投资；发行股票、债券属于直接筹资
  - (2) 按投资对象的形态和性质分类
    - ①项目投资
    - ②证券投资
  - (3) 按对未来的影响分类
    - ①发展性投资（战略性投资）
    - ②维持性投资（战术性投资）
  - (4) 按资金投出的方向分类
    - ①对内投资
    - ②对外投资
  - (5) 按投资项目之间的关联关系分类
    - ①独立投资（独立投资看效率）
      - a. 解释 — 各投资项目之间互不关联、互不影响，可以同时存在
      - b. 决策原则 — 方案本身是否满足某种决策标准
    - ②互斥投资（互斥投资看效益）
      - a. 解释 — 各投资项目之间相互关联、相互替代，不能同时存在
      - b. 决策原则 — 考虑方案之间的排斥性，选择最优方案
- 投资管理的原则
  - (1) 可行性分析原则
    - ①环境可行性分析
    - ②技术可行性分析
    - ③市场可行性分析
    - ④财务可行性分析
  - (2) 结构平衡原则
  - (3) 动态监控原则

**投资项目财务评价指标**

- 项目现金流量
  - (1) 经济寿命周期概览

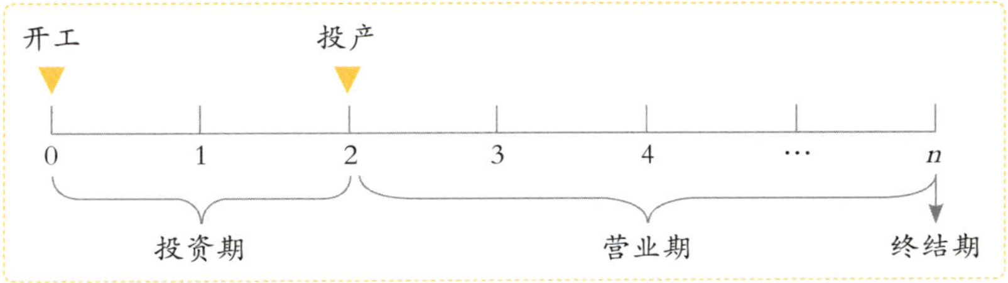


  - (2) 投资期
    - ①长期资产投资：购置成本、运输费、安装费等
    - ②营运资金垫支
      - a. 营运资金垫支 = Δ 流动资产 − Δ 结算性流动负债
      - b. 在营业期内循环周转使用，至终结期全部收回
  - (3) 营业期
    - ①营业现金净流量
      - a. 公式 1：营业现金净流量 = 营业收入 − 付现成本 − 所得税
      - b. 公式 2：营业现金净流量 = 税后营业利润 + 非付现成本
      - c. 公式 3：营业现金净流量 = 收入 × $(1-T)$ − 付现成本 × $(1-T)$ + 非付现成本 × $T$
    - ②特殊问题处理
      - a. 大修理支出
        - Ⅰ. 会计上费用化：直接作为当期现金流出（付现成本）
        - Ⅱ. 会计上资本化：当期作为现金流出，摊销期按非付现成本处理（计算抵税金额，现金流入）
      - b. 改良支出 — 同大修理支出的资本化处理
  - (4) 终结期
    - ①固定资产变价净收入 — 出售 / 报废时的出售价款 / 残值收入扣除清理费用后的净额
    - ②固定资产变现净损益对现金净流量的影响 = （固定资产账面价值 − 变价净收入）× $T$
      - a. （账面价值 − 变价净收入）> 0，损失抵税
      - b. （账面价值 − 变价净收入）< 0，收益纳税
      - c. （账面价值 − 变价净收入）=0，没有损失抵税和收益纳税
    - ③垫支营运资金的收回

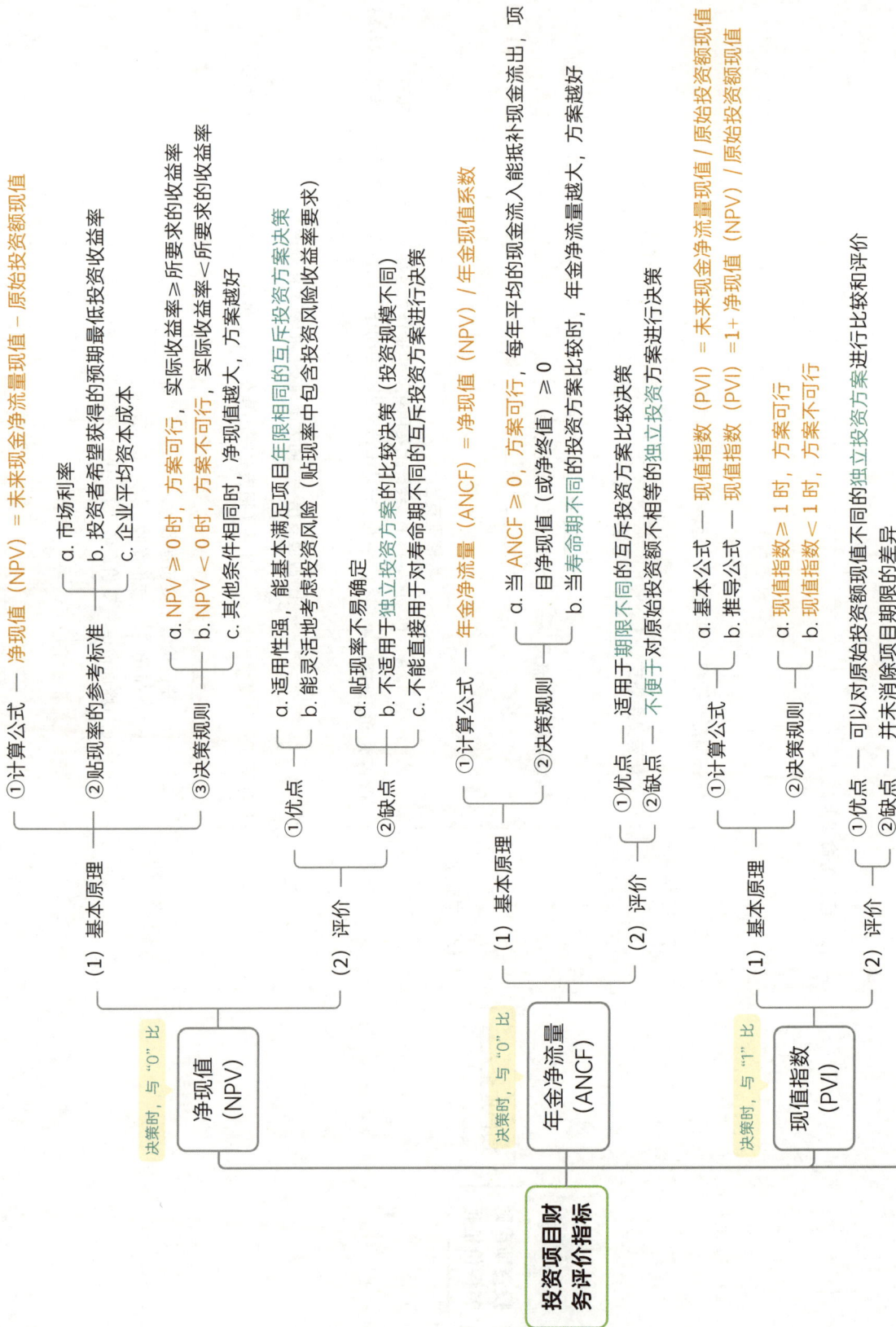

## 投资管理

### 投资项目财务评价指标

- **净现值（NPV）**（决策时，与“0”比）
  - （1）基本原理
    - ①计算公式 — 净现值（NPV）= 未来现金净流量现值 − 原始投资额现值
    - ②贴现率的参考标准
      - a. 市场利率
      - b. 投资者希望获得的预期最低投资收益率
      - c. 企业平均资本成本
    - ③决策规则
      - a. NPV ≥ 0 时，方案可行，实际收益率≥所要求的收益率
      - b. NPV < 0 时，方案不可行，实际收益率<所要求的收益率
      - c. 其他条件相同时，净现值越大，方案越好
  - （2）评价
    - ①优点
      - a. 适用性强，能基本满足项目年限相同的互斥投资方案决策
      - b. 能灵活地考虑投资风险（贴现率中包含投资风险收益率要求）
    - ②缺点
      - a. 贴现率不易确定
      - b. 不适用于独立投资方案的比较决策（投资规模不同）
      - c. 不能直接用于对寿命期不同的互斥投资方案进行决策
- **年金净流量（ANCF）**（决策时，与“0”比）
  - （1）基本原理
    - ①计算公式 — 年金净流量（ANCF）= 净现值（NPV）/ 年金现值系数
    - ②决策规则
      - a. 当 ANCF ≥ 0，方案可行，每年平均的现金流入能抵补现金流出，项目净现值（或净终值）≥ 0
      - b. 当寿命期不同的投资方案比较时，年金净流量越大，方案越好
  - （2）评价
    - ①优点 — 适用于期限不同的互斥投资方案比较决策
    - ②缺点 — 不便于对原始投资额不相等的独立投资方案进行决策
- **现值指数（PVI）**（决策时，与“1”比）
  - （1）基本原理
    - ①计算公式
      - a. 基本公式 — 现值指数（PVI）= 未来现金净流量现值 / 原始投资额现值
      - b. 推导公式 — 现值指数（PVI）=1+ 净现值（NPV）/ 原始投资额现值
    - ②决策规则
      - a. 现值指数≥ 1 时，方案可行
      - b. 现值指数< 1 时，方案不可行
  - （2）评价
    - ①优点 — 可以对原始投资额现值不同的独立投资方案进行比较和评价
    - ②缺点 — 并未消除项目期限的差异

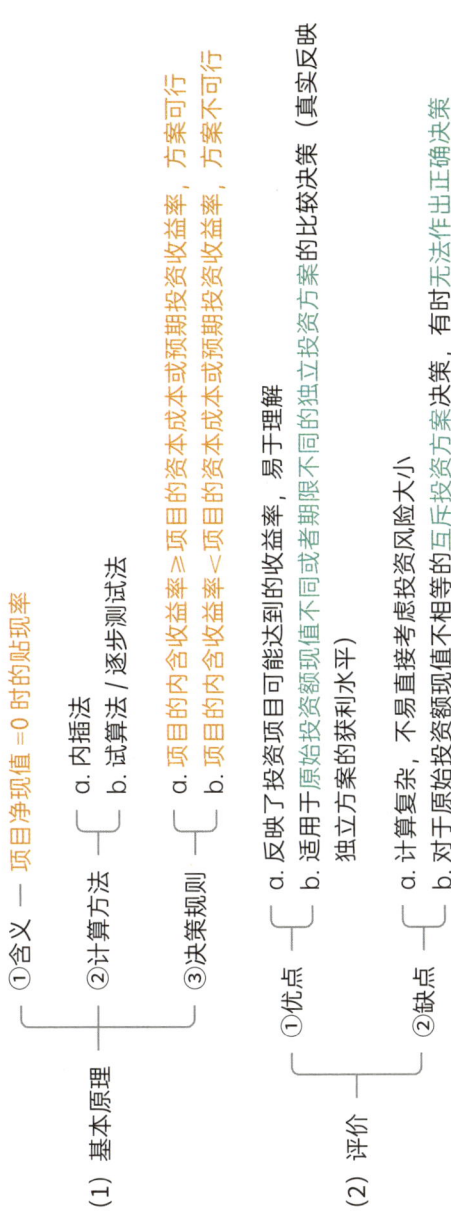

## 内含收益率（IRR）

决策时，与"项目的资本成本或预期投资收益率"比

- （1）基本原理
  - ①含义 — 项目净现值 =0 时的贴现率
  - ②计算方法
    - a. 内插法
    - b. 试算法 / 逐步测试法
  - ③决策规则
    - a. 项目的内含收益率≥项目的资本成本或预期投资收益率，方案可行
    - b. 项目的内含收益率＜项目的资本成本或预期投资收益率，方案不可行
- （2）评价
  - ①优点
    - a. 反映了投资项目可能达到的收益率，易于理解
    - b. 适用于原始投资额现值不同或者期限不同的独立投资方案的比较决策（真实反映独立方案的获利水平）
  - ②缺点
    - a. 计算复杂，不易直接考虑投资风险大小
    - b. 对于原始投资额现值不相等的互斥投资方案决策，有时无法作出正确决策

## 回收期（PP）

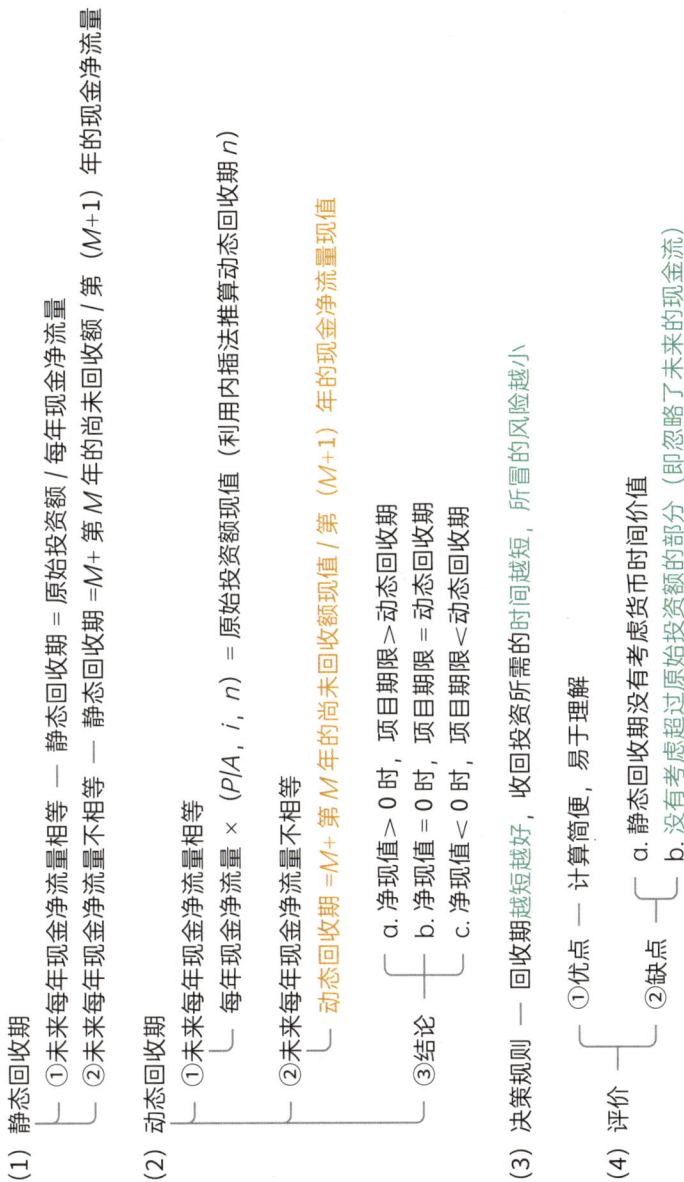

越短越好

- （1）静态回收期
  - ①未来每年现金净流量相等 — 静态回收期 = 原始投资额 / 每年现金净流量
  - ②未来每年现金净流量不相等 — 静态回收期 =$M$+ 第 $M$ 年的尚未回收额 / 第（$M$+1）年的现金净流量
- （2）动态回收期
  - ①未来每年现金净流量相等
    - 每年现金净流量 ×（$P/A$，$i$，$n$）= 原始投资额现值（利用内插法推算动态回收期 $n$）
  - ②未来每年现金净流量不相等
    - 动态回收期 =$M$+ 第 $M$ 年的尚未回收额现值 / 第（$M$+1）年的现金净流量现值
  - ③结论
    - a. 净现值＞0 时，项目期限＞动态回收期
    - b. 净现值 = 0 时，项目期限 = 动态回收期
    - c. 净现值＜0 时，项目期限＜动态回收期
- （3）决策规则 — 回收期越短越好，收回投资所需的时间越短，所冒的风险越小
- （4）评价
  - ①优点 — 计算简便，易于理解
  - ②缺点
    - a. 静态回收期没有考虑货币时间价值
    - b. 没有考虑超过原始投资额的部分（即忽略了未来的现金流）

# 投资管理

## 项目投资管理

- 独立投资方案的决策
  - （1）决策规则
    - ①确定投资方案本身是否达到某种要求的可行性标准
    - ②独立投资方案之间比较时，要确定各种可行方案的投资顺序（优先次序）
    - ③排序分析时，一般采用内含收益率法进行比较决策
  - （2）各类独立方案评价指标的适用情形

| 情形 | NPV | ANCF | PVI | IRR |
| --- | --- | --- | --- | --- |
| 寿命期相同，投资额相同 | √ | √ | √ | √ |
| 寿命期不同，投资额相同 | × | √ | × | √ |
| 寿命期相同，投资额不同 | × | × | √ | √ |
| 寿命期不同，投资额不同 | × | × | × | √ |

  - （3）应用场景——固定资产新建项目
- 互斥投资方案的决策
  - （1）决策规则
    - ①项目寿命期相等 — 净现值法
    - ②项目寿命期不等
      - a. 共同年限法
      - b. 年金净流量法
        - Ⅰ．两项目资本成本相同时，优先选取年金净流量较大者
        - Ⅱ．两项目资本成本不同时，需进一步计算永续净现值（$P_i$=ANCF$_i$/$k_i$）
  - （2）应用场景——固定资产更新决策
    - ①决策情形
      - a. 替换重置（现金流出为正）
        - Ⅰ．若项目寿命期相同，则采用成本总现值法
        - Ⅱ．若项目寿命期不同，则采用年金成本法
      - b. 扩建重置
        - Ⅰ．若项目寿命期相同，则采用净现值法
        - Ⅱ．若项目寿命期不同，则采用年金净流量法
    - ②决策规则
      - a. 寿命期相同的设备重置：选择净现值较大或成本总现值较小的方案
      - b. 寿命期不同的设备重置：选择年金净流量较大或年金成本较小的方案

## 证券资产投资的风险

- （1）系统性风险（不可分散风险）
  - ①价格风险
  - ②再投资风险
  - ③购买力风险
- （2）非系统性风险（可分散风险）
  - ①违约风险
  - ②变现风险
  - ③破产风险

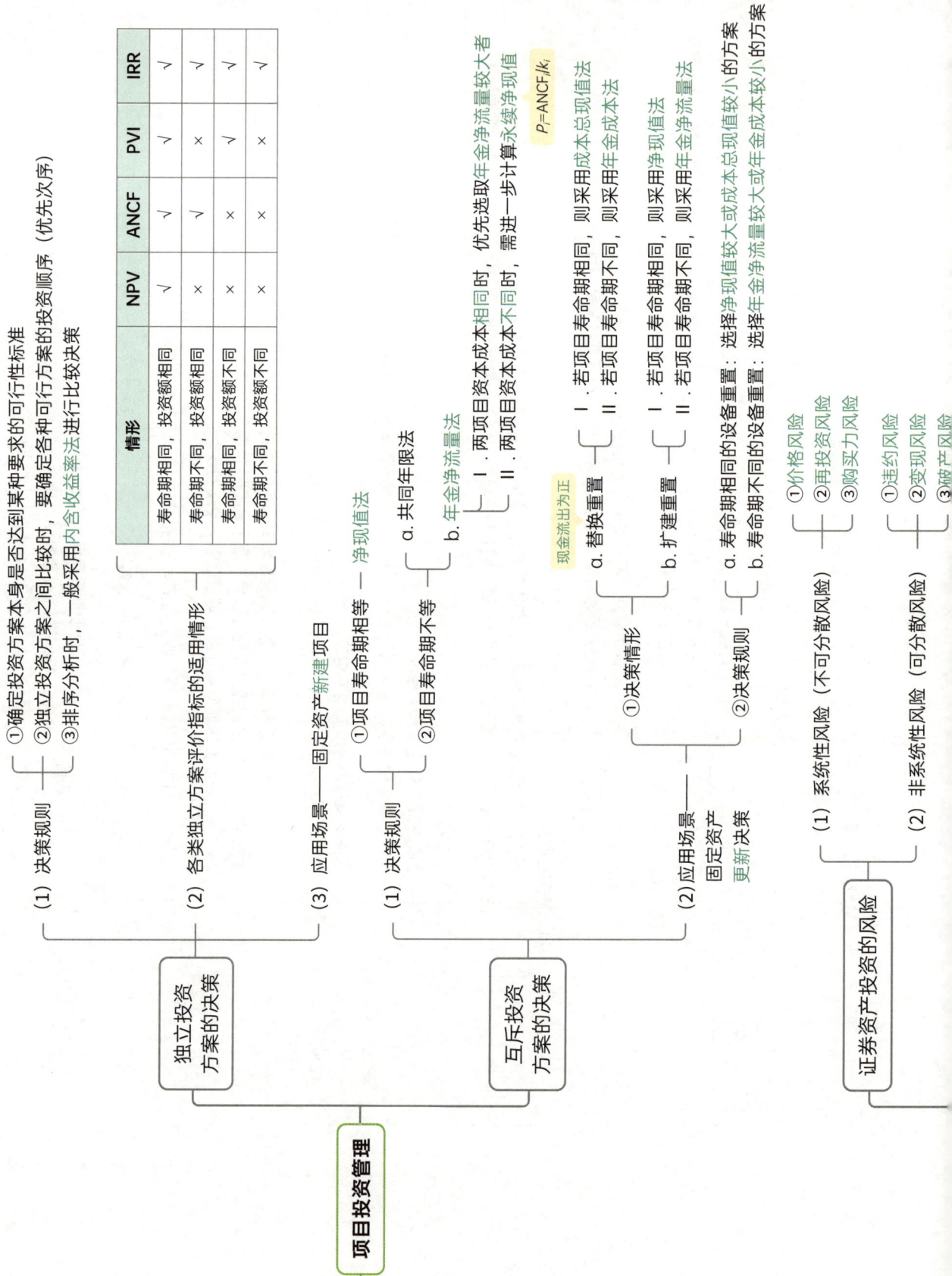

**证券投资管理**

- 债券投资
  - (1) 债券的价值
    - ①债券价值评估模型
      - a. 基本模型：本利和贴现 — $V_b=I\times(P/A,R,n)+M\times(P/F,R,n)$
      - b. 纯贴现债券的估值模型 — $V=M/(1+R)^n$
      - c. 永续债券的估值模型 — $V=I/R$
      - d. 影响债券价值的主要因素（不包括债券的“市场价格”）
        - Ⅰ. 面值
        - Ⅱ. 票面利率
        - Ⅲ. 期限
        - Ⅳ. 贴现率（市场利率）
    - ②票面利率与市场利率的大小
      - a. 票面利率＞市场利率→债券价值＞债券面值，溢价债券
      - b. 票面利率＜市场利率→债券价值＜债券面值，折价债券
      - c. 票面利率＝市场利率→债券价值＝债券面值，平价债券
    - ③债券价值对债券期限的敏感性（近小远大变平缓）
      - a. 图形表示

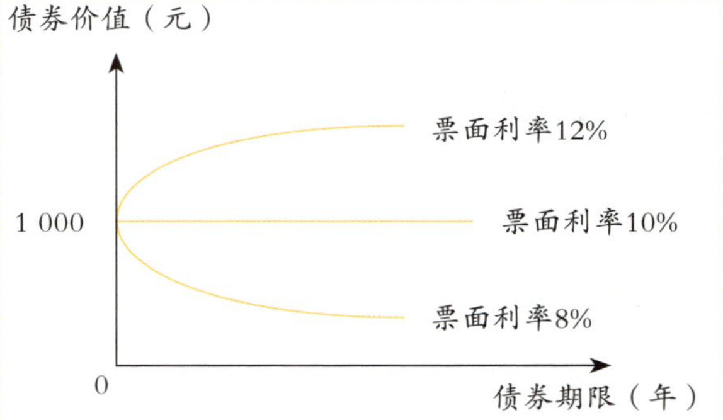


债券期限的敏感性

      - b. 文字表示
        - Ⅰ. 近小：在债券期限越短，债券票面利率对债券价值的影响越小
        - Ⅱ. 远大：在票面利率偏离市场利率的情况下，债券期限越长，债券价值越偏离于债券面值
        - Ⅲ. 变平缓：对非平价发行的分期付息、到期归还本金的债券来说，超长期债券的期限差异，对债券价值的影响不大

投资管理

- 证券投资管理
  - 债券投资
    - (1) 债券的价值 — ④债券价值对市场利率的敏感性（先敏感后平缓）
      - a. 图形表示

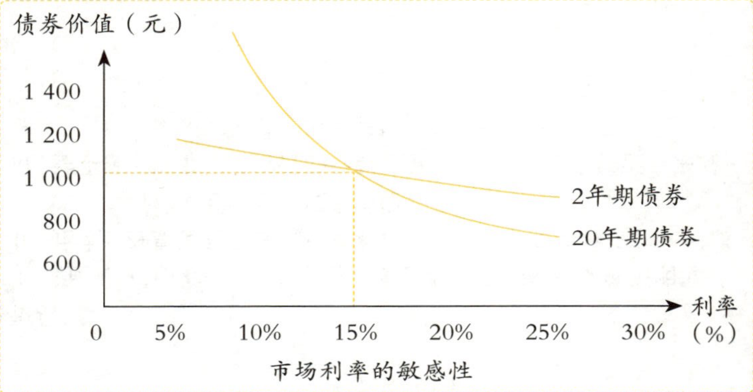


      - b. 文字表示
        - Ⅰ. 市场利率与债券价值呈反向变动关系
        - Ⅱ. 长期债券对市场利率的敏感性会大于短期债券
        - Ⅲ. 先敏感，后平缓
          - · 市场利率低于票面利率时，债券价值对市场利率的变化较为敏感，市场利率稍有变动，债券价值就会发生剧烈的波动
          - · 市场利率超过票面利率后，债券价值对市场利率变化的敏感性减弱，市场利率的提高，不会使债券价值过分降低
    - (2) 债券投资的收益率
      - ①债券投资收益的来源
        - a. 名义利息收益：面值 × 票面利率
        - b. 利息再投资收益
        - c. 价差收益（资本利得收益）
      - ②债券的内部收益率（内含收益率）
        - a. 一般公式
          - 根据 $P=I\times(P/A, R, n)+M\times(P/F, R, n)$，求解 $R$
        - b. 简便公式：$R=\dfrac{I+(B-P)/N}{(B+P)/2}\times100\%$

# 股票投资

- (1) 股票的价值
  - ①股票的内在价值：仅取决于“未来”，当前或过去的现金流量均不影响股票价值
  - ②股票估值基本模型
    - a. 股票估值基本模型（股利贴现）：$V_s=\sum_{t=1}^{\infty}\frac{D_t}{(1+R_s)^t}$
    - b. 优先股股票估值模型（类似永续年金）：$V_s=\frac{D}{R_s}$
  - ③常用的股票估值模式
    - a. 固定增长模式：$V_s=\frac{D_1}{R_s-g}=\frac{D_0(1+g)}{R_s-g}$
    - b. 零增长模式（类似永续年金）：$V_s=\frac{D}{R_s}$
    - c. 阶段性增长模式 — 分段计算
- 结合记忆（③常用的股票估值模式 → ②股票的内部收益率）
- (2) 股票投资的收益率
  - ①股票收益的来源
    - a. 股利收益
    - b. 股利再投资收益（无须单独考虑）
    - c. 转让价差收益
  - ②股票的内部收益率
    - a. 固定增长模式下股票的内部收益率：$R_s=D_1/P_0+g$
    - b. 零增长模式下股票的内部收益率：$R_s=D/P_0$
    - c. 有限期持股下股票的内部收益率 — 逐次测试法

> 股票投资内部收益率由两部分构成：
> Ⅰ. $D_1/P_0$ 为预期股利收益率
> Ⅱ. $g$ 为股利增长率或资本利得收益率

- (3) 决策原则
  - ①内在价值与价格
    - a. 内在价值＞价格，投资
    - b. 内在价值＜价格，不投资
  - ②内部收益率与最低投资收益率
    - a. 内部收益率＞最低投资收益率，投资
    - b. 内部收益率＜最低投资收益率，不投资

投资管理

- 基金投资与期权投资
  - 基金投资
    - （1）证券投资基金的特点
      - ①集合理财实现专业化管理
      - ②通过组合投资实现分散风险的目的
      - ③投资者利益共享且风险共担
      - ④基金操作权与管理权相隔离
      - ⑤法定监管机构与自律性组织相结合的监管模式
    - （2）证券投资基金的分类
      - ①依据法律形式分类
        - a. 契约型基金
        - b. 公司型基金
      - ②依据运作方式分类
        - a. 封闭式基金
          - Ⅰ. 基金份额固定不变
          - Ⅱ. 适合资金可进行长期投资的投资者
        - b. 开放式基金
          - Ⅰ. 基金份额不固定
          - Ⅱ. 适合强调流动资金管理的投资者
      - ③依据投资对象分类
        - a. 股票基金：基金资产 80% 以上投资于股票的基金
        - b. 债券基金：基金资产 80% 以上投资于债券的基金
        - c. 货币市场基金：仅投资于货币市场工具的基金
        - d. 混合基金：投资比例不符合以上规定的基金
      - ④依据投资目标分类
        - a. 分类
          - Ⅰ. 增长型基金：关注资本增值
          - Ⅱ. 收入型基金：关注收入
          - Ⅲ. 平衡型基金：关注资本增值与收入
        - b. 三者在风险与收益的关系
          - Ⅰ. 增长型基金风险＞平衡型基金风险＞收入型基金风险
          - Ⅱ. 增长型基金收益＞平衡型基金收益＞收入型基金收益
      - ⑤依据投资理念分类
        - a. 主动型基金：基金经理主动操盘
        - b. 被动型基金：通过复制指数

          被动型基金除完全复制指数成分股的投资策略外，也有指数增强型基金，即在复制的基础上根据市场变化做适当调整，以期获得超跟踪指数的收益。
      - ⑥依据募集方式分类
        - a. 私募证券投资基金
          - Ⅰ. 采取非公开发售
          - Ⅱ. 面对特定投资者（风险承受能力强，单个投资者涉及的资金量大）

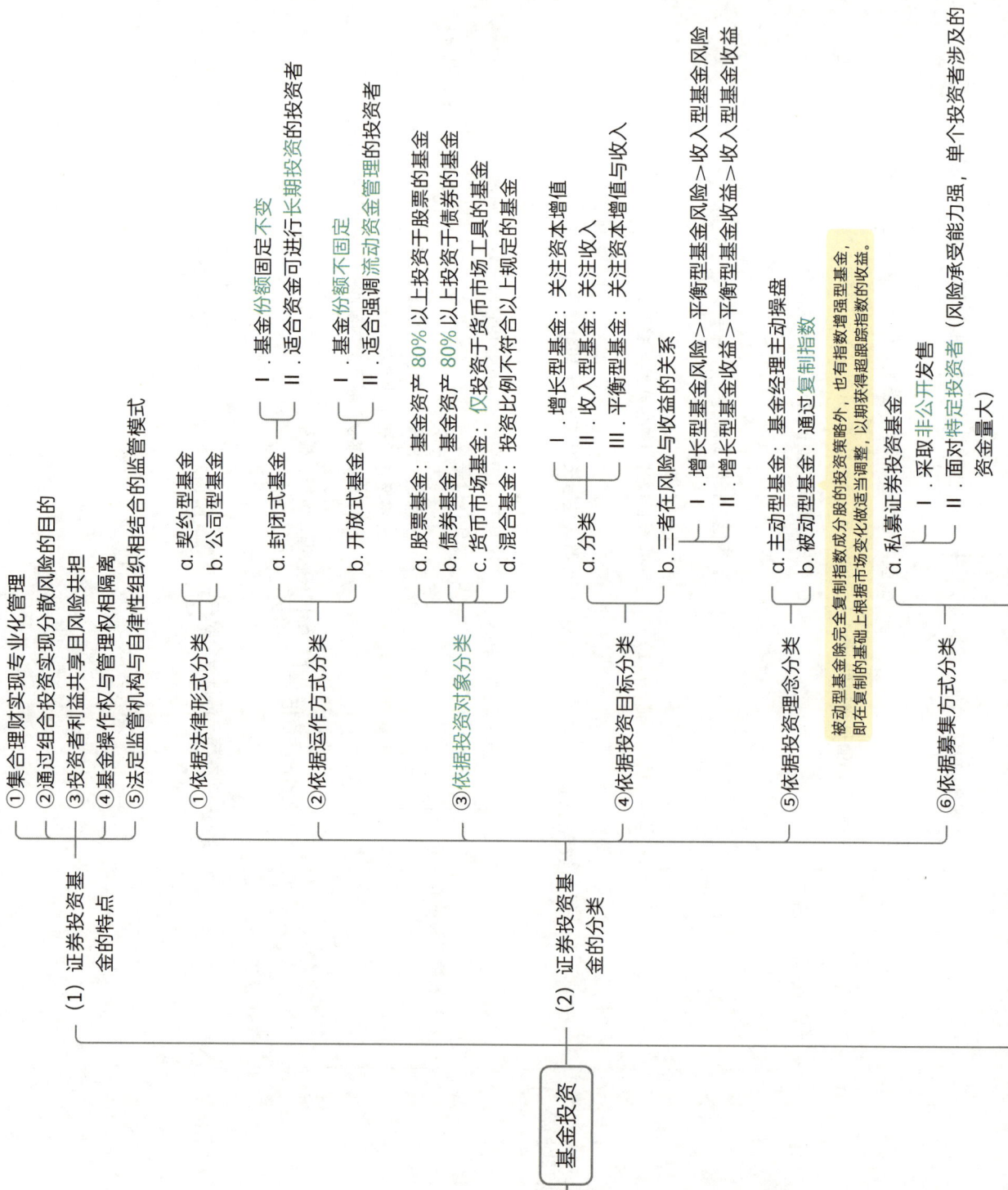

- b. 公募证券投资基金
  - Ⅰ. 面向社会公众公开发售
  - Ⅱ. 募集对象不确定，投资金额较低，适合中小投资者
  - Ⅲ. 受到更加严格的监管并要求更高的信息透明度

(3) 证券投资基金业绩评价
- ①业绩评价时考虑的因素：投资目标与范围、风险水平、基金规模、时间区间
- ②业绩评估指标
  - a. 绝对收益
    - Ⅰ. 持有期间收益率 =（期末资产价格 − 期初资产价格 + 持有期间红利收入）/ 期初资产价格 ×100%
    - Ⅱ. 现金流和时间加权收益率：$R=(1+R_1)(1+R_2)(1+R_3)\cdots(1+R_n)-1$
    - Ⅲ. 平均收益率
      - · 算术平均收益率：$R_A=\frac{\sum_{t=1}^{n}R_t}{n}\times100\%$
      - · 几何平均收益率：$R_A=\left[\sqrt[n]{\prod_{i=1}^{n}(1+R_i)}-1\right]\times100\%$
  - b. 相对收益 — 相对于一定业绩比较基准的收益

## 私募股权投资基金

- (1) 私募股权投资基金的特点
  - ①具有较长的投资周期
  - ②具有较大的投资收益波动性
  - ③对投资决策与管理的专业要求较高，投资后需进行非财务资源注入
- (2) 私募股权投资基金的退出
  - ①股份上市转让或挂牌转让
    - a. 首次公开发行上市（IPO）
    - b. 新三板
  - ②股权转让
  - ③清算退出
- (3) 私募股权基金和风险投资基金
  - ①私募股权基金：主要投资拟上市公司，被投资方业务已进入发展阶段
  - ②风险投资基金：更关注初创型企业，投资标的以高新技术企业或项目为主

# 投资管理

## 基金投资与期权投资

### 期权合约

(1) 期权合约的构成要素
- ①标的资产
- ②期权买方（期权的多头）
- ③期权卖方（期权的空头）
- ④执行价格：期权买方在行权时所实际执行的价格
- ⑤期权费用
- ⑥通知日与到期日

(2) 期权合约的分类
- ①按执行时间不同分类
  - a. 欧式期权
  - b. 美式期权
- ②按授予权利不同分类
  - a. 看涨期权（买入期权）：以固定价格购买标的资产的权利
  - b. 看跌期权（卖出期权）：以固定价格卖出标的资产的权利

(3) 期权到期日价值与净损益的计算

买方和卖方为零和博弈
买方获取的收益 = 卖方的损失

- ①指标解读
  - a. 期权到期日价值：依赖于标的资产的到期日价格和执行价格（不考虑初始期权费）
  - b. 期权净损益 = 期权到期日价值 − 初始期权费用
- ②期权买方的到期日价值和净损益计算

| 情形 | 到期日价值 | | 期权净损益 |
|---|---|---|---|
| | 买入看涨期权 | 买入看跌期权 | |
| 市价≥执行价格 | 股票市价 − 执行价格 | 0 | 到期日价值 − 期权费用 |
| 市价＜执行价格 | 0 | 执行价格 − 股票市价 | |

笔记区

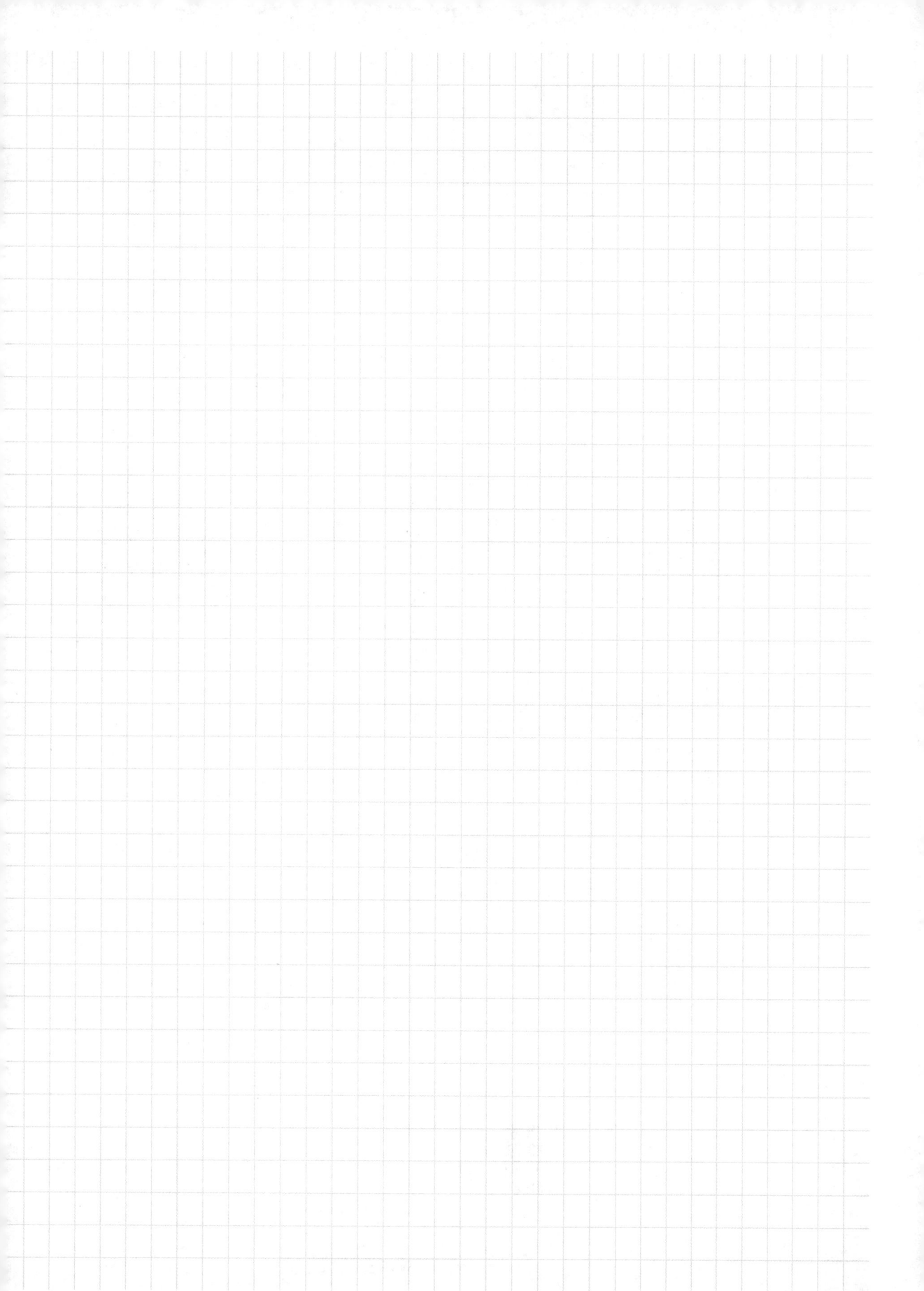

# 第七章 营运资金管理

（考12分）

## 营运资金管理

### 营运资金管理概述

- 营运资金的计算 —— 营运资金 = 流动资产 − 流动负债
- 营运资金的管理原则
  - （1）满足正常资金需求（旺季多，淡季少）
  - （2）提高资金使用效率（加速变现，加快周转）
  - （3）节约资金使用成本
  - （4）维持短期偿债能力
- 营运资金的管理策略
  - （1）流动资产投资策略
    - ①流动资产投资策略的类型

| 项目 | | 紧缩策略 | 宽松策略 |
|---|---|---|---|
| 基本特征 | 流动资产 / 销售收入 | 低 | 高 |
| 其他特征 | 持有成本 | 低 | 高 |
| | 短缺成本 | 高 | 低 |
| | 风险与收益 | 高 | 低 |

    - ②影响流动资产投资策略的因素
      - a. 总体因素
        - Ⅰ. 经营的不确定性
          - · 销售额稳定且可以预测→投资水平较低
          - · 销售额不稳定但可以预测→投资水平合理
          - · 销售额不稳定且难以预测→投资水平较高
        - Ⅱ. 风险忍受程度
          - · 忍受程度低（保守）→投资水平较高
          - · 忍受程度高（激进）→投资水平较低
      - b. 具体因素
        - Ⅰ. 权衡收益与风险
          - · 增加流动资产投资：持有成本↑—收益性↓—资产流动性↑—短缺成本↓
          - · 减少流动资产投资：持有成本↓—收益性↑—资产流动性↓—短缺成本↑
          - · 最优的流动资产投资：持有成本和短缺成本之和最低
        - Ⅱ. 经营内外部环境
        - Ⅲ. 产业因素
        - Ⅳ. 影响企业政策的决策者

- (2) 流动资产融资策略
  - ①匹配融资策略
    - a. 基本关系式
      - Ⅰ. 长期供给 = 长期需求
      - Ⅱ. 短期供给 = 短期需求
    - b. 风险与成本特征 — 风险与成本适中
  - ②保守融资策略（长贷短投，财务费用高）
    - a. 基本关系式
      - Ⅰ. 长期供给 > 长期需求
      - Ⅱ. 短期供给 < 短期需求
    - b. 风险与成本特征
      - Ⅰ. 风险低
      - Ⅱ. 成本高
  - ③激进融资策略（短贷长投，资金流会断）
    - a. 基本关系式
      - Ⅰ. 长期供给 < 长期需求
      - Ⅱ. 短期供给 > 短期需求
    - b. 风险与成本特征
      - Ⅰ. 风险高
      - Ⅱ. 成本低

**现金管理**

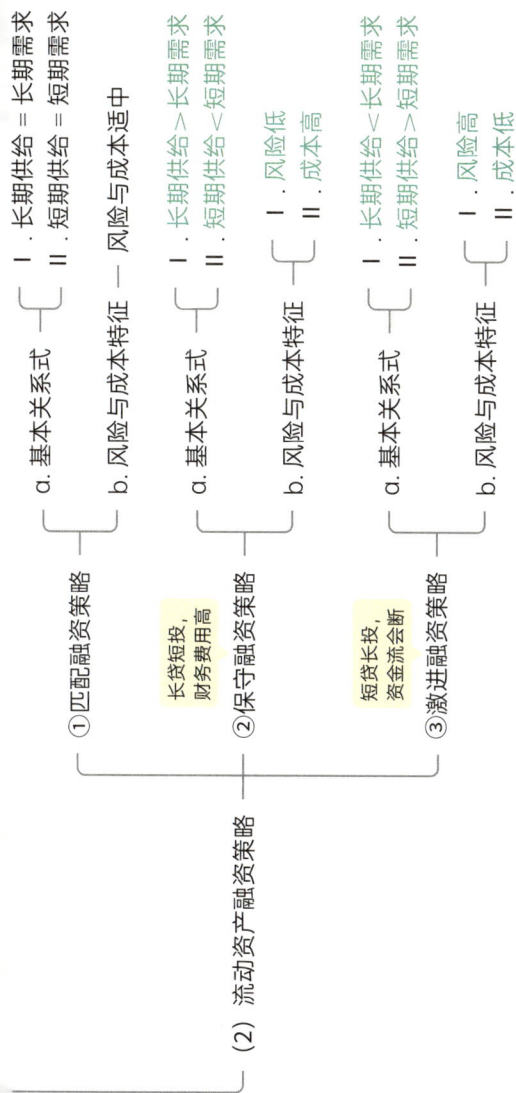

- 持有现金的动机
  - (1) 交易性需求
    - ①含义：需要持有一定量的现金以维持日常周转及正常商业活动
    - ②举例
      - a. 企业提供和获得的信用条件不同，使企业必须持有现金
      - b. 业务季节性（如增加存货以等待销售旺季）会发生现金支出，导致现金余额减少
  - (2) 预防性需求
    - ①含义：需要持有一定量的现金以应付突发事件
    - ②现金数额的影响因素
      - a. 企业愿冒现金短缺风险的程度
      - b. 企业预测现金收支可靠的程度
      - c. 企业临时融资的能力
  - (3) 投机性需求 — 需要持有一定量的现金以抓住突然出现的获利机会

笔记区

营运资金管理

## 现金管理

### 目标现金余额（最佳现金持有量）的确定

- （1）持有现金的成本类型
  - ①机会成本：变动成本，与现金持有量成正比关系
  - ②管理成本：固定成本，与现金持有量无明显的比例关系
  - ③短缺成本：与现金持有量成反比关系
  - ④交易 / 转换成本：与转换次数有关，转换次数越多，转换成本越大
- （2）成本模型 — 基本原理：最佳现金持有量下的现金相关成本 =min（管理成本 + 机会成本 + 短缺成本）

  "鸡（机）冠（管）短"

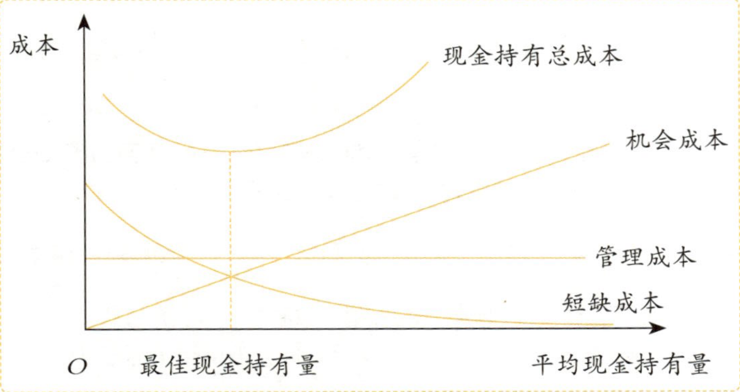


- （3）存货模型
  - ①基本原理：交易成本和机会成本之和最小（或使二者相等）的现金持有量

  "鸡（机）脚（交）"

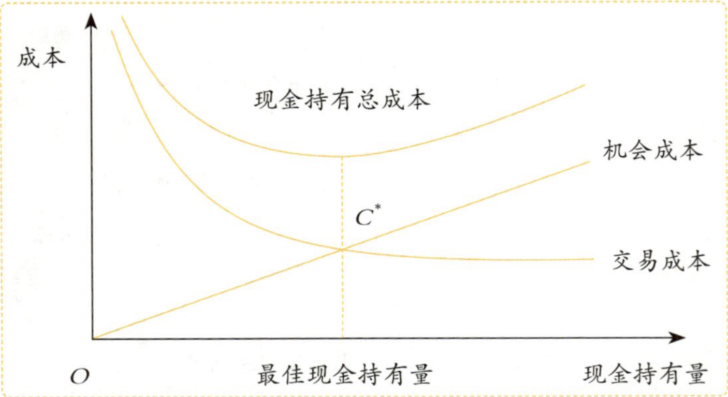

(4) 随机模型

②计算公式
- a. 机会成本 = （$C/2$） $\times K$
- b. 交易成本 = （$T/C$） $\times F$
- c. 最佳现金持有量 $C^*=\sqrt{2\times T\times F\div K}$
- d. 最小相关总成本 $TC^*=\sqrt{2\times T\times F\times K}$

$T$ 表示现金需求量
$C$ 表示现金持有量
$F$ 表示每次转换有价证券的交易成本
$K$ 表示持有现金的机会成本率

①基本原理：当现金余额达到或突破控制区域的上下限时，通过有价证券交易使现金余额返回至现金回归线 $R$

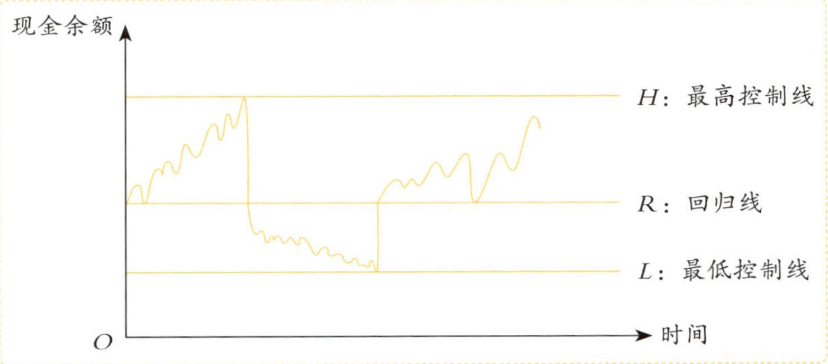


②最高控制线 $H$ 的确定：$H=3R-2L$

③特点
- a. 适用于所有企业
- b. 计算出来的现金持有量比较保守（偏大）

现金管理模式

(1) “收支两条线”的管理模式
- ①所有收入的资金都进入收入户
- ②所有的资金支出都必须从支出户里支付，严禁现金坐支
- ③根据“以收定支”的原则从收入户按照支出预算安排将资金定期划拨到支出户
- ④根据“最低限额资金占用”的原则，支出户平均资金占用额应压缩到最低限度

(2) 集团企业资金集中管理模式
- ①统收统支模式
- ②拨付备用金模式
- ③结算中心模式
- ④内部银行模式
- ⑤财务公司模式：需要经过中国人民银行审核批准才能设立

题目经常与“内部银行模式”混淆，需注意区分

# 营运资金管理

## 现金管理

### 现金收支日常管理

- （1）现金周转期
  - ①各类周转期的含义

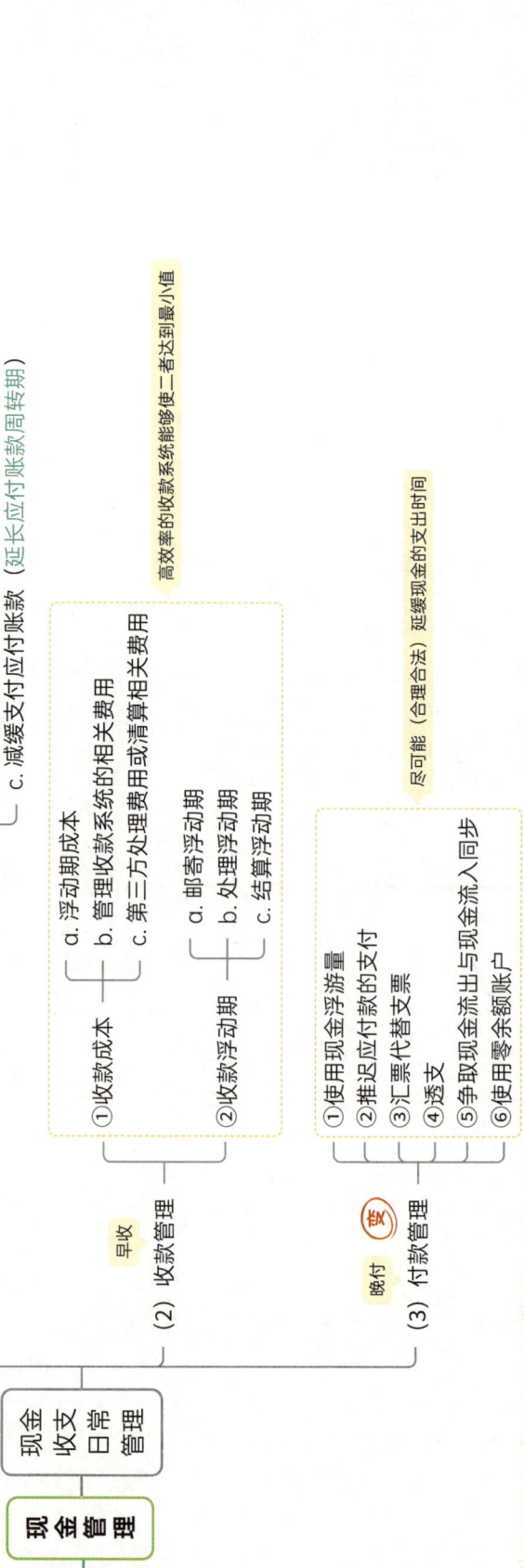

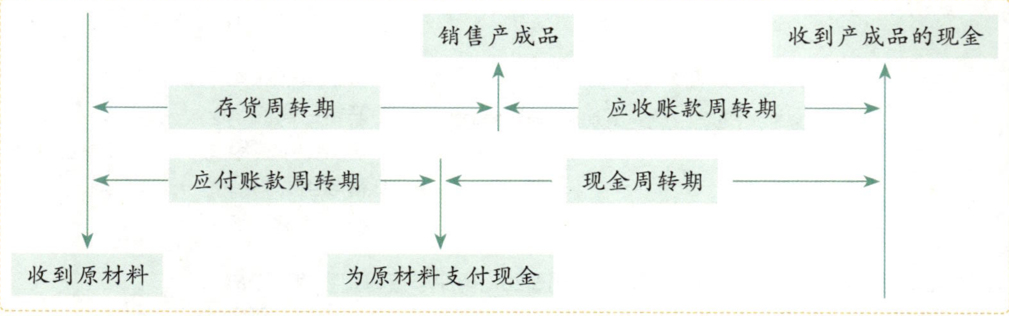


  - ②公式
    - a. 经营周期 = 存货周转期 + 应收账款周转期
    - b. 现金周转期 = 经营周期 − 应付账款周转期
      = 存货周转期 + 应收账款周转期 − 应付账款周转期
    - c. 存货周转期 = 存货平均余额 / 每天的销货成本
    - d. 应收账款周转期 = 应收账款平均余额 / 每天的销货收入
    - e. 应付账款周转期 = 应付账款平均余额 / 每天的购货成本

    平均余额 / 日 × ×
  - ③减少现金周转期的途径
    - a. 加快制造与销售产成品（减少存货周转期）
    - b. 加速应收账款的回收（减少应收账款周转期）
    - c. 减缓支付应付账款（延长应付账款周转期）
- （2）收款管理（早收）
  - ①收款成本
    - a. 浮动期成本
    - b. 管理收款系统的相关费用
    - c. 第三方处理费用或清算相关费用
  - ②收款浮动期
    - a. 邮寄浮动期
    - b. 处理浮动期
    - c. 结算浮动期

  高效率的收款系统能够使二者达到最小值
- （3）付款管理（晚付）变
  - ①使用现金浮游量
  - ②推迟应付款的支付
  - ③汇票代替支票
  - ④透支
  - ⑤争取现金流出与现金流入同步
  - ⑥使用零余额账户

  尽可能（合理合法）延缓现金的支出时间

# 应收账款管理

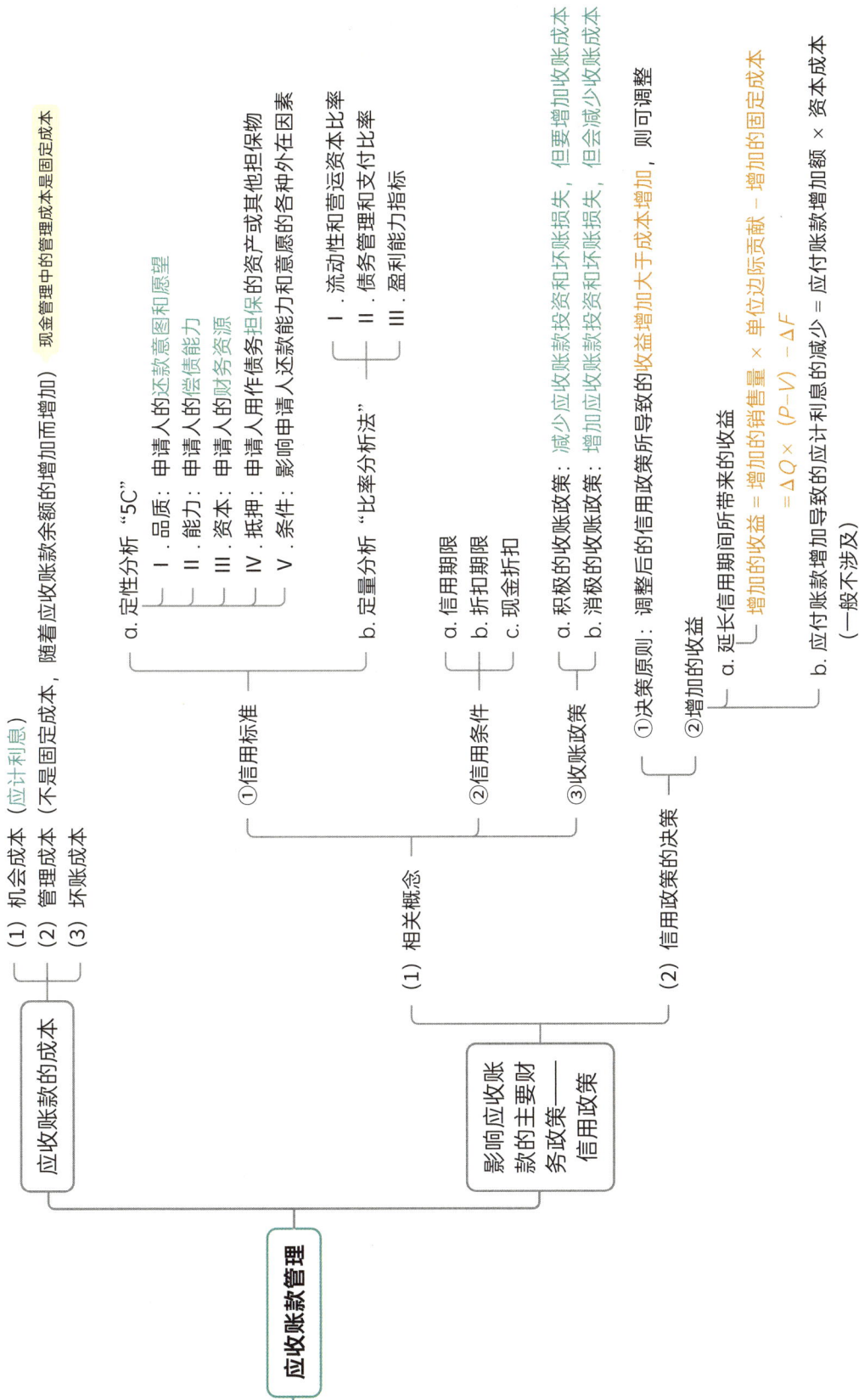

- 应收账款的成本
  - （1）机会成本（应计利息）
  - （2）管理成本（不是固定成本，随着应收账款余额的增加而增加） 现金管理中的管理成本是固定成本
  - （3）坏账成本
- 影响应收账款的主要财务政策——信用政策
  - （1）相关概念
    - ①信用标准
      - a. 定性分析“5C”
        - Ⅰ. 品质：申请人的还款意图和愿望
        - Ⅱ. 能力：申请人的偿债能力
        - Ⅲ. 资本：申请人的财务资源
        - Ⅳ. 抵押：申请人用作债务担保的资产或其他担保物
        - Ⅴ. 条件：影响申请人还款能力和意愿的各种外在因素
      - b. 定量分析“比率分析法”
        - Ⅰ. 流动性和营运资本比率
        - Ⅱ. 债务管理和支付比率
        - Ⅲ. 盈利能力指标
    - ②信用条件
      - a. 信用期限
      - b. 折扣期限
      - c. 现金折扣
    - ③收账政策
      - a. 积极的收账政策：减少应收账款投资和坏账损失，但要增加收账成本
      - b. 消极的收账政策：增加应收账款投资和坏账损失，但会减少收账成本
  - （2）信用政策的决策
    - ①决策原则：调整后的信用政策所导致的收益增加大于成本增加，则可调整
    - ②增加的收益
      - a. 延长信用期间所带来的收益
        - 增加的收益 = 增加的销售量 × 单位边际贡献 − 增加的固定成本 $=\Delta Q\times(P-V)-\Delta F$
      - b. 应付账款增加导致的应计利息的减少 = 应付账款增加额 × 资本成本（一般不涉及）

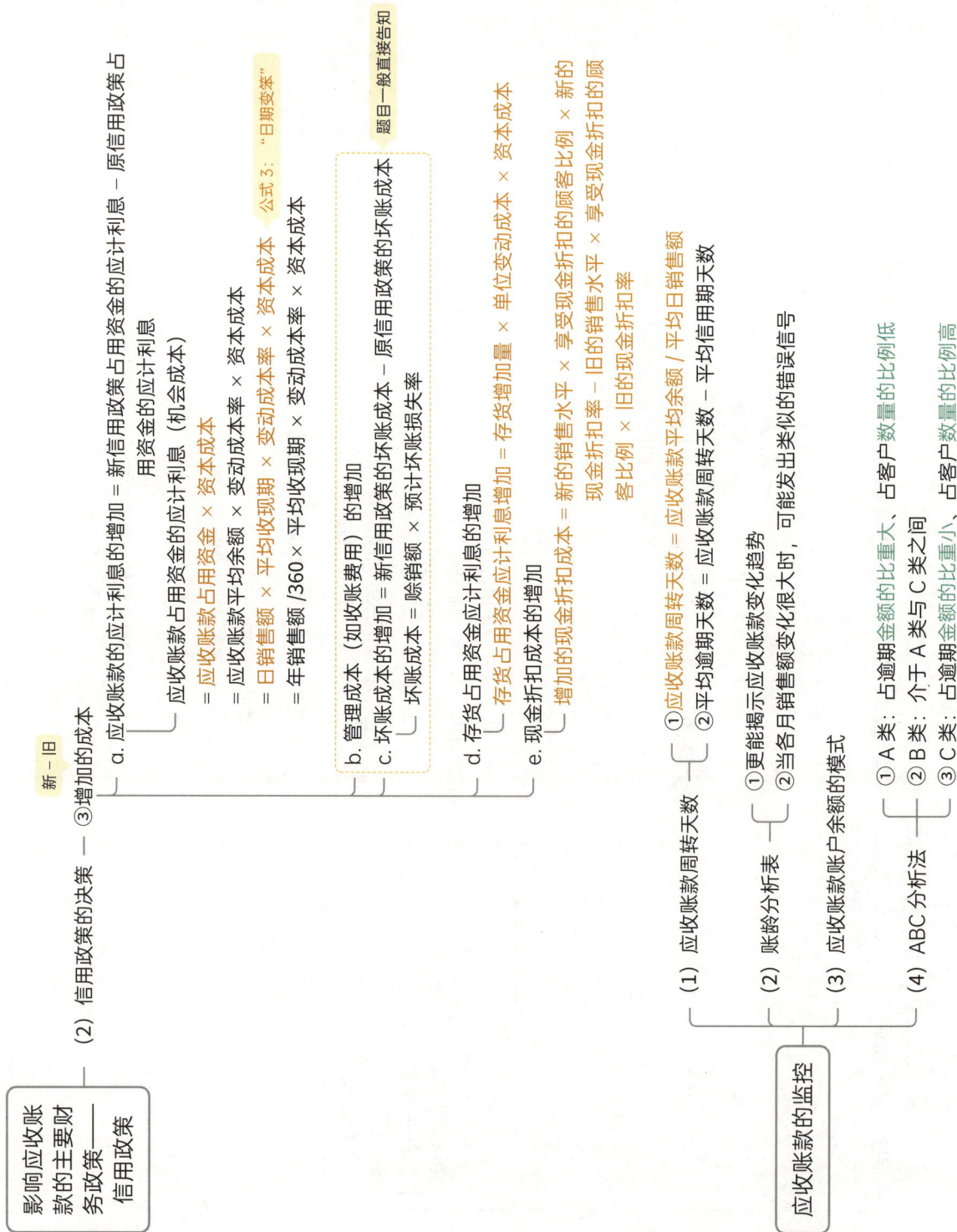

# 营运资金管理

## 应收账款管理

### 影响应收账款的主要财务政策——信用政策

- (2) 信用政策的决策 — ③增加的成本（新－旧）
  - a. 应收账款的应计利息的增加 = 新信用政策占用资金的应计利息 − 原信用政策占用资金的应计利息
    - 应收账款占用资金的应计利息（机会成本）
      - = 应收账款占用资金 × 资本成本
      - = 应收账款平均余额 × 变动成本率 × 资本成本
      - = 日销售额 × 平均收现期 × 变动成本率 × 资本成本（公式 3：“日期变笨”）
      - = 年销售额 /360 × 平均收现期 × 变动成本率 × 资本成本
  - b. 管理成本（如收账费用）的增加
  - c. 坏账成本的增加 = 新信用政策的坏账成本 − 原信用政策的坏账成本（题目一般直接告知）
    - 坏账成本 = 赊销额 × 预计坏账损失率
  - d. 存货占用资金应计利息的增加
    - 存货占用资金应计利息增加 = 存货增加量 × 单位变动成本 × 资本成本
  - e. 现金折扣成本的增加
    - 增加的现金折扣成本 = 新的销售水平 × 享受现金折扣的顾客比例 × 新的现金折扣率 − 旧的销售水平 × 享受现金折扣的顾客比例 × 旧的现金折扣率

### 应收账款的监控

- (1) 应收账款周转天数
  - ①应收账款周转天数 = 应收账款平均余额 / 平均日销售额
  - ②平均逾期天数 = 应收账款周转天数 − 平均信用期天数
- (2) 账龄分析表
  - ①更能揭示应收账款变化趋势
  - ②当各月销售额变化很大时，可能发出类似的错误信号
- (3) 应收账款账户余额的模式
- (4) ABC 分析法
  - ① A 类：占逾期金额的比重大、占客户数量的比例低
  - ② B 类：介于 A 类与 C 类之间
  - ③ C 类：占逾期金额的比重小、占客户数量的比例高

- 应收账款日常管理
  - （1）评估客户信用：一般采用“5C”系统来评价，并对客户信用进行等级划分
  - （2）应收账款保理
    - ①分类
      - a. 按保理商是否具有追索权分类
        - Ⅰ. 有追索权保理（非买断型）
        - Ⅱ. 无追索权保理（买断型）
      - b. 按是否将保理情况通知客户分类
        - Ⅰ. 明保理
        - Ⅱ. 暗保理
      - c. 按保理是否提前预付款分类
        - Ⅰ. 折扣保理（融资保理）
        - Ⅱ. 到期保理
    - ②作用
      - a. 融资功能
      - b. 减轻企业应收账款的管理负担
      - c. 减少坏账损失、降低经营风险
      - d. 改善企业的财务结构

- **存货管理**
  - 存货成本
    - （1）购置成本：存货本身的价值（单价 × 进货量）
    - （2）订货成本
      - ①固定订货成本：与订货次数无关，如采购部的基本开支等
      - ②变动订货成本：与订货次数有关，如差旅费、邮资等
    - （3）储存成本
      - ①固定储存成本：与存货数量无关，如仓库折旧、仓库职工的固定工资等
      - ②变动储存成本：与存货数量有关，如存货占用资金的应计利息、存货的破损和变质损失、保险费用等
    - （4）缺货成本：由于材料供应中断造成的停工损失、产成品库存缺货造成的拖欠发货损失和丧失销售机会的损失及造成的商誉损失等

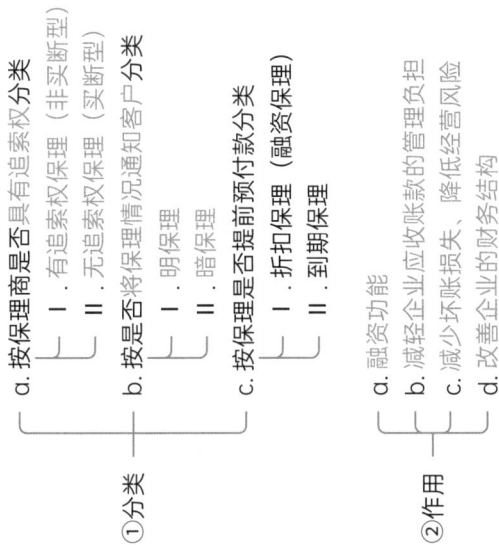

# 营运资金管理

## 存货管理

### 存货决策

| 经济订货批量的基本模型 | 经济订货批量的扩展模型（存货陆续供应和使用） | 再订货点 | 指标含义 |
|---|---|---|---|
| 经济订货量：$EOQ=\sqrt{\frac{2KD}{K_c}}$<br>每年最佳订货次数：$N^*=\frac{D}{EOQ}$ | 经济订货量：$Q^*=\sqrt{\frac{2KD}{K_c(1-\frac{d}{P})}}$ | 订货期提前：$R=L\times d$ | $Q$ 表示每次进货量<br>$D$ 表示存货年需要量<br>$K$ 表示每次订货的变动成本<br>$K_c$ 表示单位变动储存成本<br>$U$ 表示存货单价<br>$d$ 表示每日耗用量<br>$P$ 表示每日送货量<br>$L$ 表示平均交货时间<br>$B$ 表示保险储备 |
| 存货相关总成本：$TC(EOQ)=\sqrt{2KDK_c}$<br>最佳订货周期（天）：$t^*=\frac{360}{N^*}$<br>经济订货量平均占用资金：$I^*=\frac{EOQ}{2}\times U$ | 存货相关总成本：$TC(Q^*)=\sqrt{2KDK_c\times(1-\frac{d}{P})}$ | 保险储备：$R=L\times d+B$ | |

### 存货的控制系统

（1）ABC 控制系统

（2）适时制库存控制系统

## 短期借款

### （1）短期借款的信用条件

①信贷额度
- a. 有限期限通常为 1 年，具有短期和长期借款的双重特点
- b. 银行并不承担必须支付全部信贷数额的义务
- c. 银行不会承担法律责任

②周转信贷协定
- a. 有效期通常超过 1 年
- b. 使用部分交利息，未使用部分交承诺费

③补偿性余额 — 实际利率 = 利息 /［名义本金 ×（1− 补偿比率）］
= 名义利率 /（1− 补偿比率）

### （2）短期借款的成本

①收款法：利息 / 本金

②贴现法：利息 /（名义本金 − 利息）

③加息法：2 倍的名义利率

- **流动负债管理**
  - 短期融资券
    - （1）发行规定
      - ①发行人：为非金融企业并通过相应信用评级
      - ②发行对象：机构投资者，不向社会公众发行和交易
      - ③融资券的发行：由金融机构承销，企业不得自行销售融资券
      - ④实名记账方式在中央结算公司登记托管
      - ⑤发行利率、发行价格和所涉费率以市场化方式确定
    - （2）筹资特点
      - ①相对于企业债券，筹资成本较低
      - ②相对于银行借款，筹资数额较大
      - ③发行条件比较严格
  - 商业信用
    - （1）商业信用的形式
      - ①应付账款
        - a. 公式：放弃折扣的信用成本率 $=\dfrac{\text{折扣\%}}{1-\text{折扣\%}}\times\dfrac{360\text{天}}{\text{付款期（信用期）}-\text{折扣期}}$
        - b. 要点
          - Ⅰ. 与折扣百分比大小、折扣期长短正相关，与付款期长短负相关
          - Ⅱ. 在放弃折扣的情况下，推迟付款的时间越长，信用成本越小，但信誉将会恶化
          - Ⅲ. 与货款额和折扣额无关
        - c. 决策原则
          - Ⅰ. 放弃现金折扣成本率＞短期借款利率或短期投资收益率，在折扣期内付款，即享受现金折扣
          - Ⅱ. 放弃现金折扣成本率＜短期借款利率或短期投资收益率，在信用期内付款，即放弃现金折扣
      - ②应付票据
      - ③预收货款
      - ④应计未付款
    - （2）商业信用筹资的优缺点
      - ①优点
        - a. 商业信用容易获得
        - b. 企业一般不用提供担保
        - c. 企业有较大的机动权
      - ②缺点
        - a. 商业信用筹资成本高
        - b. 容易恶化企业的信用水平
        - c. 受外部环境影响较大
  - 流动负债的利弊
    - （1）优势
      - ①容易获得
      - ②具有灵活性，能够有效满足企业季节性信贷需求
      - ③更少的约束性条款（与长期借款相比），维持未来借款决策的灵活性
    - （2）劣势
      - ①需要持续地重新谈判或滚动安排负债
      - ②必须每年支付至少 1 ~ 3 个月的全额款项

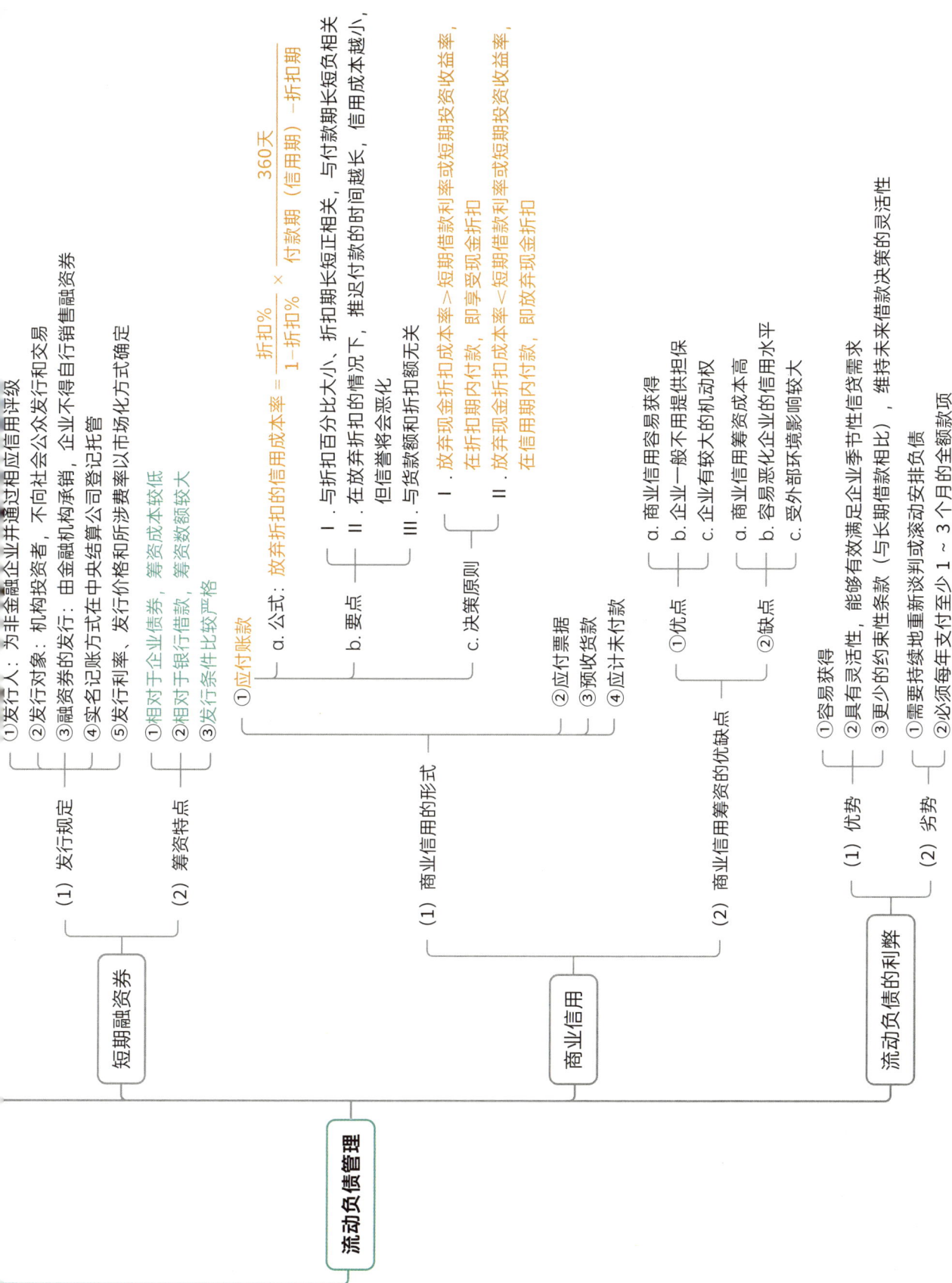

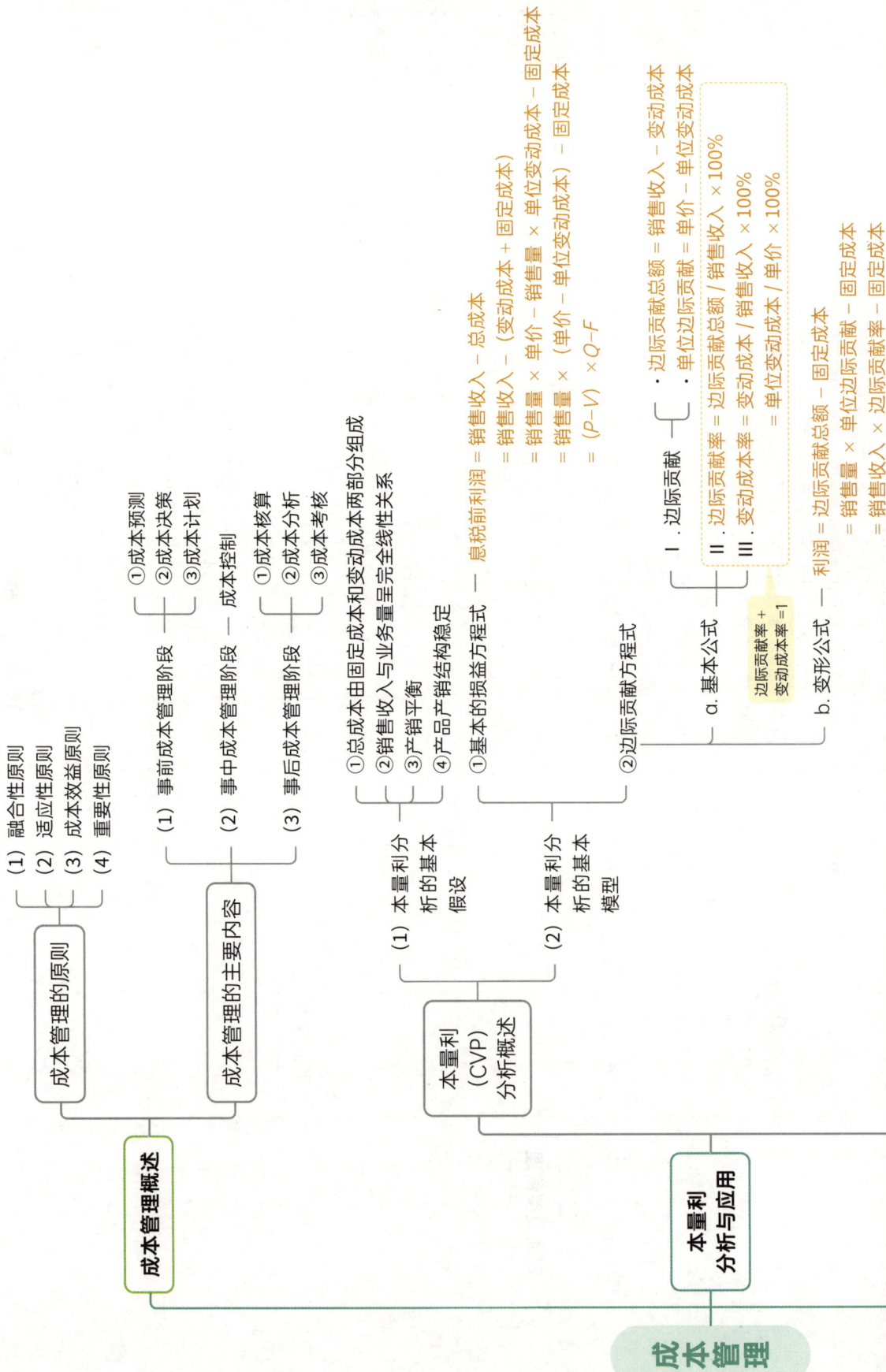

# 第八章 成本管理 （考12分）

成本管理

- 成本管理概述
  - 成本管理的原则
    - （1）融合性原则
    - （2）适应性原则
    - （3）成本效益原则
    - （4）重要性原则
  - 成本管理的主要内容
    - （1）事前成本管理阶段
      - ①成本预测
      - ②成本决策
      - ③成本计划
    - （2）事中成本管理阶段 — 成本控制
    - （3）事后成本管理阶段
      - ①成本核算
      - ②成本分析
      - ③成本考核
- 本量利分析与应用
  - 本量利（CVP）分析概述
    - （1）本量利分析的基本假设
      - ①总成本由固定成本和变动成本两部分组成
      - ②销售收入与业务量呈完全线性关系
      - ③产销平衡
      - ④产品产销结构稳定
    - （2）本量利分析的基本模型
      - ①基本的损益方程式 — 息税前利润 = 销售收入 − 总成本
        - = 销售收入 −（变动成本 + 固定成本）
        - = 销售量 × 单价 − 销售量 × 单位变动成本 − 固定成本
        - = 销售量 ×（单价 − 单位变动成本）− 固定成本
        - = $(P-V) \times Q-F$
      - ②边际贡献方程式
        - a. 基本公式
          - Ⅰ. 边际贡献
            - · 边际贡献总额 = 销售收入 − 变动成本
            - · 单位边际贡献 = 单价 − 单位变动成本
          - Ⅱ. 边际贡献率 = 边际贡献总额 / 销售收入 × 100%
          - Ⅲ. 变动成本率 = 变动成本 / 销售收入 × 100%
            - = 单位变动成本 / 单价 × 100%
          - 边际贡献率 + 变动成本率 =1
        - b. 变形公式 — 利润 = 边际贡献总额 − 固定成本
          - = 销售量 × 单位边际贡献 − 固定成本
          - = 销售收入 × 边际贡献率 − 固定成本

- 盈亏平衡（保本）分析
  - (1) 单一产品盈亏平衡分析
    - ①盈亏平衡点（保本点）
      - “量”对“单”，“额”对“率”
      - a. 盈亏平衡点销售量 = 固定成本 ÷（单价 − 单位变动成本）
        = 固定成本 ÷ 单位边际贡献
      - b. 盈亏平衡点销售额 = 盈亏平衡点销售量 × 单价
        = 固定成本 ÷ 边际贡献率
    - ②盈亏平衡作业率 = 盈亏平衡点销售量（额）÷ 正常销售量（额）× 100%
    - 盈亏平衡作业率 + 安全边际率 =1
    - ③安全边际和安全边际率
      - a. 安全边际
        - Ⅰ. 安全边际量 = 正常销售量（实际或预计销售量）− 盈亏平衡点销售量
        - Ⅱ. 安全边际额 = 正常销售额（实际或预计销售额）− 盈亏平衡点销售额
      - b. 安全边际率 = 安全边际量 ÷ 正常销售量（实际或预计销售量）× 100%
        = 安全边际额 ÷ 正常销售额（实际或预计销售额）× 100%
      - c. 安全边际方程式
        - Ⅰ. 利润 = 安全边际量 × 单位边际贡献
          = 安全边际额 × 边际贡献率
        - “量”对“单”，“额”对“率”
        - Ⅱ. 销售利润率 = 安全边际率 × 边际贡献率

笔记区

## 成本管理

### 本量利分析与应用

#### 盈亏平衡（保本）分析

- （2）产品组合盈亏平衡分析
  - ①加权平均法
    - Step1：计算综合边际贡献率（综合边际贡献率 + 综合变动成本率 =1）
      - 综合边际贡献率 =Σ 各产品的边际贡献 /Σ 各产品的销售收入（推荐方法）
        =Σ 各产品的边际贡献率 × 各产品的销售收入比重
    - Step2：计算盈亏平衡点销售额
      - 综合盈亏平衡点销售额 = 固定成本总额 / 综合边际贡献率
    - Step3：分摊计算各产品盈亏平衡点销售额 / 量
      - a. 各产品盈亏平衡点销售额 = 综合盈亏平衡点销售额 × 各产品的销售收入比重
      - b. 各产品盈亏平衡点销售量 = 各产品盈亏平衡点销售额 / 各产品的单价
  - ②联合单位法
    - Step1：确定联合单位的固定实物比例（产品销量比）
    - Step2：计算联合单价
    - Step3：计算联合单位变动成本
    - Step4：计算联合盈亏平衡点的业务量
      - 联合盈亏平衡点的业务量 = 固定成本总额 /（联合单价 − 联合单位变动成本）
    - Step5：分配计算各产品销售量
      - 某产品盈亏平衡点的业务量 = 联合盈亏平衡点的业务量 × 一个联合单位中包含的该产品数量
  - ③分算法
    - Step1：计算各产品的边际贡献及其比重
    - Step2：按边际贡献比重分配固定成本
    - Step3：计算各产品的盈亏平衡点销售量
  - ④主要产品法

#### 目标利润（保利）分析

- （1）企业预测的目标利润是息税前利润
  - ①目标利润销售量 =（固定成本 + 目标利润）/ 单位边际贡献
  - ②目标利润销售额 =（固定成本 + 目标利润）/ 边际贡献率
    = 目标利润销售量 × 单价
- （2）企业预测的目标利润是税后利润
  - ①税后目标利润 =（息税前利润 − 利息）×（1− 所得税税率）
    = [（单价 − 单位变动成本）× 销售量 − 固定成本 − 利息] ×（1− 所得税税率）
  - ②实现目标利润的销售量 = [固定成本 + 税后目标利润 /（1− 所得税税率）+ 利息] / 单位边际贡献
  - ③实现目标利润的销售额 = [固定成本 + 税后目标利润 /（1− 所得税税率）+ 利息] / 边际贡献率

- 本量利分析在经营决策中的应用
  - (1) 产品生产和定价策略：常用到盈亏平衡分析，例如计算盈亏平衡点业务量或者可接受最低售价等
  - (2) 生产工艺设备的选择
    - ①决策原则：评判哪一种生产设备会带来更多的利润
    - ②步骤
      - a. 将销售量设为一个未知参数 $X$
      - b. 根据本量利分析的基本关系式，找到不同方案下目标利润相同的分界点（类似于每股收益无差别点）
      - c. 分别判断在不同销售量下应当选择哪个方案
  - (3) 新产品投产的选择
    - ①决策原则：评判新产品投产是否会带来额外的利润
    - ②原理：增量利润 = 增加的边际贡献 − 增加的机会成本 − 增加的固定成本
- 利润敏感性分析
  - (1) 因素如何影响利润（正向）
    - ①敏感系数 = 利润变动百分比 / 因素变动百分比
    - ②是否敏感 —（绝对值）与“1”比
      - a. 敏感系数绝对值＞1，为利润的敏感因素
      - b. 敏感系数绝对值＜1，为利润的不敏感因素
    - ③变动方向 — 与“0”比
      - a. 敏感系数＞0（正），与利润同向变动
      - b. 敏感系数＜0（负），与利润反向变动
  - (2) 利润要求因素如何变化（反向）— 在计算上等于敏感系数的倒数乘以目标利润变动百分比 变
- 标准成本的分类
  - (1) 理想标准成本：理论标准，现有条件下所能达到的最优成本水平 —— 过于理论，要求太高
  - (2) 正常标准成本：在正常情况下，企业经过努力可以达到的成本标准 —— 在实践中广泛应用
- 标准成本的制定

单位产品标准成本（元/件）由以下三项构成：

| | | 单耗（量） | | 单价（价） | |
|---|---|---|---|---|---|
| 直接材料标准成本（元/件） | = | 材料消耗量（kg/件） | × | 标准单价（元/kg） | |
| 直接人工标准成本（元/件） | = | 直接人工工时（小时/件） | × | 小时标准工资率（元/小时） | 标准工资总额/标准总工时 |
| 制造费用标准成本（元/件） | = | 人工工时或机器工时（小时/件） | × | 小时制造费用分配率（元/小时） | 标准制造费用总额/标准总工时 |

成本管理

标准成本控制与分析

成本差异的计算及分析

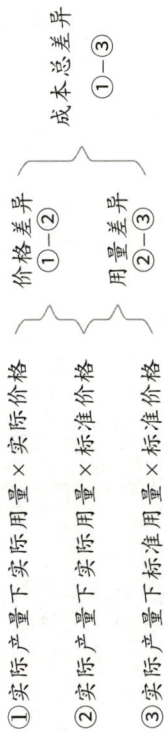

成本差异>0，超支差异
成本差异<0，节约差异

(1) 基本公式

①实际产量下实际用量×实际价格
②实际产量下实际用量×标准价格
③实际产量下标准用量×标准价格

价格差异 ①−②
用量差异 ②−③
成本总差异 ①−③

(2) 各项成本差异的计算分析

| 差异类型 | | 计算公式 | 原因 | 责任归属 |
|---|---|---|---|---|
| 价差 | 材料价格差异 | （实际单价 − 标准单价）× 实际用量 | 市场价格、供货厂商、运输方式、采购批量 | 主要由采购部门负责 |
| 价差 | 人工工资率差异 | （实际工资率 − 标准工资率）× 实际工时 | 工资制度的变动、工人的升降级、加班或临时工的增减 | 主要由人事劳动部门负责 |
| 价差 | 变动制造费用耗费差异 | （变动制造费用实际分配率 − 变动制造费用标准分配率）× 实际工时 | — | — |
| 量差 | 材料用量差异 | （实际用量 − 实际产量标准用量）× 标准单价 | 产品设计结构、原料质量、工人的技术熟练程度、废品率的高低 | 主要由生产部门负责，但需要具体分析 |
| 量差 | 人工效率差异 | （实际工时 − 实际产量标准工时）× 标准工资率 | 工人技术状况、工作环境和设备条件的好坏 | 主要由生产部门负责，但需要具体分析 |
| 量差 | 变动制造费用效率差异 | （实际工时 − 实际产量标准工时）× 变动制造费用标准分配率 | 工人技术状况、工作环境和设备条件的好坏 | 主要由生产部门负责，但需要具体分析 |

(3) 固定制造费用差异的分析

①要点：除了考虑实际成本与相应标准成本，还需要单独考虑预算产量所带来的影响

②计算公式

| 公式 | 两差异分析法 | 三差异分析法 |
|---|---|---|
| 标准成本 = 实际产量标准工时 × 标准分配率……① | ③ − ① = 能量差异 | ② − ① = 效率差异 |
| 中 间 数 = 实际产量实际工时 × 标准分配率……② | | ③ − ② = 产量差异 |
| 预 算 数 = 预算产量标准工时 × 标准分配率……③ | | |
| 实际成本 = 实际产量实际工时 × 实际分配率……④ | ④ − ③ = 耗费差异 | ④ − ③ = 耗费差异 |

**作业成本与责任成本**

作业成本

(1) 作业成本法的原理：产品消耗作业，作业消耗资源

(2) 作业成本法的应用程序

①作业中心设计

- a. 产量级作业：产品加工、检验等
- b. 批别级作业：设备调试、生产准备等
- c. 品种级作业：新产品设计、现有产品质量与功能改进、生产流程监控、工艺变换需要的流程设计、产品广告等
- d. 顾客级作业：向个别客户提供的技术支持活动、咨询活动、独特包装等
- e. 设施级作业：管理作业、针对企业整体的广告活动等

②作业动因选择与计量

- a. 交易动因：用执行频率或次数计量的成本动因，如接受或发出订单数、处理收据数等
- b. 持续时间动因：用执行时间计量的成本动因，如产品安装时间、检查小时等
- c. 强度动因：不易按照频率、次数或执行时间进行分配而需要直接衡量每次执行所需资源的成本动因，如特别复杂产品的安装、质量检验等

(3) 作业成本法的优缺点

①优点

- a. 能够提供更加准确的各维度成本信息，有助于企业提高产品定价、作业与流程改进、客户服务等决策的准确性
- b. 改善和强化成本控制，促进绩效管理的改进和完善
- c. 推进作业基础预算，提高作业、流程、作业链（或价值链）管理的能力

②缺点

- a. 部分作业的识别、划分、合并与认定，成本动因的选择以及成本动因计量方法的选择等均存在较大的主观性
- b. 操作较为复杂
- c. 开发和维护费用较高

# 成本管理

## 作业成本与责任成本

### 作业成本

(4) 作业成本管理——流程价值分析

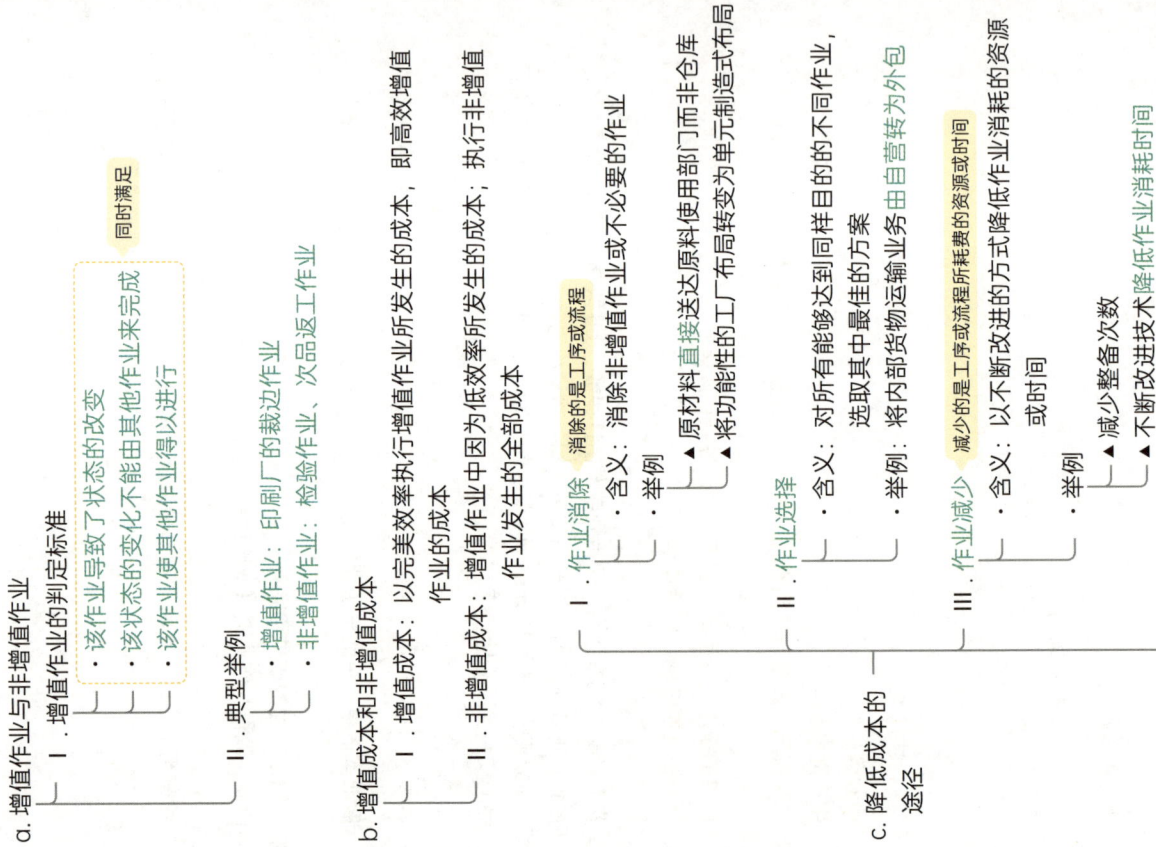

- ①成本动因分析
- ②作业分析
  - a. 增值作业与非增值作业
    - Ⅰ. 增值作业的判定标准（同时满足）
      - 该作业导致了状态的改变
      - 该状态的变化不能由其他作业来完成
      - 该作业使其他作业得以进行
    - Ⅱ. 典型举例
      - 增值作业：印刷厂的裁边作业
      - 非增值作业：检验作业、次品返工作业
  - b. 增值成本和非增值成本
    - Ⅰ. 增值成本：以完美效率执行增值作业所发生的成本，即高效增值作业的成本
    - Ⅱ. 非增值成本：增值作业中因为低效率所发生的成本；执行非增值作业发生的全部成本
  - c. 降低成本的途径
    - Ⅰ. 作业消除（消除的是工序或流程）
      - 含义：消除非增值作业或不必要的作业
      - 举例
        - ▲原材料直接送达原料使用部门而非仓库
        - ▲将功能性的工厂布局转变为单元制造式布局
    - Ⅱ. 作业选择
      - 含义：对所有能够达到同样目的的不同作业，选取其中最佳的方案
      - 举例：将内部货物运输业务由自营转为外包
    - Ⅲ. 作业减少（减少的是工序或流程所耗费的资源或时间）
      - 含义：以不断改进的方式降低作业消耗的资源或时间
      - 举例
        - ▲减少整备次数
        - ▲不断改进技术降低作业消耗时间

- Ⅳ. 作业共享
  - 含义：利用规模经济来提高增值作业的效率
  - 举例：新产品设计时应充分利用现有其他产品使用的零件
- ③作业业绩考核
  - a. 财务指标
  - b. 非财务指标

## 责任成本

### (1) 责任中心及其考核

- ①成本中心
  - a. 含义：有权发生并控制成本的单位，一般不会产生收入，通常只计量考核发生的成本
  - b. 特点
    - Ⅰ. 不考核收入，只考核成本
    - Ⅱ. 只对可控成本负责，不负责不可控成本
      - 可控成本需满足三个条件：可以预见、可以计量、可以调节和控制
    - Ⅲ. 责任成本（可控成本之和）是成本中心考核和控制的主要内容
  - c. 考核与控制指标
    - 如果节约额＞0，意味着节约
    - Ⅰ. 预算成本节约额 = 实际产量预算责任成本 − 实际责任成本
    - Ⅱ. 预算成本节约率 = 预算成本节约额 / 实际产量预算责任成本 × 100%
- ②利润中心
  - a. 含义：既能控制成本，又能控制收入和利润的责任单位，要同时对成本、收入以及利润负责
  - b. 考核与控制指标
    - Ⅰ. 边际贡献
      - 公式：边际贡献 = 销售收入总额 − 变动成本总额
      - 评价：反映了该利润中心的盈利能力，业绩评价没有太大的作用
    - Ⅱ. 可控边际贡献
      - 公式：可控边际贡献 = 边际贡献 − 该中心负责人可控固定成本
      - 评价：评价利润中心管理者业绩
    - Ⅲ. 部门边际贡献
      - 公式：部门边际贡献 = 可控边际贡献 − 该中心负责人不可控固定成本
      - 评价：评价部门业绩而不是利润中心管理者的业绩

# 成本管理

## 作业成本与责任成本

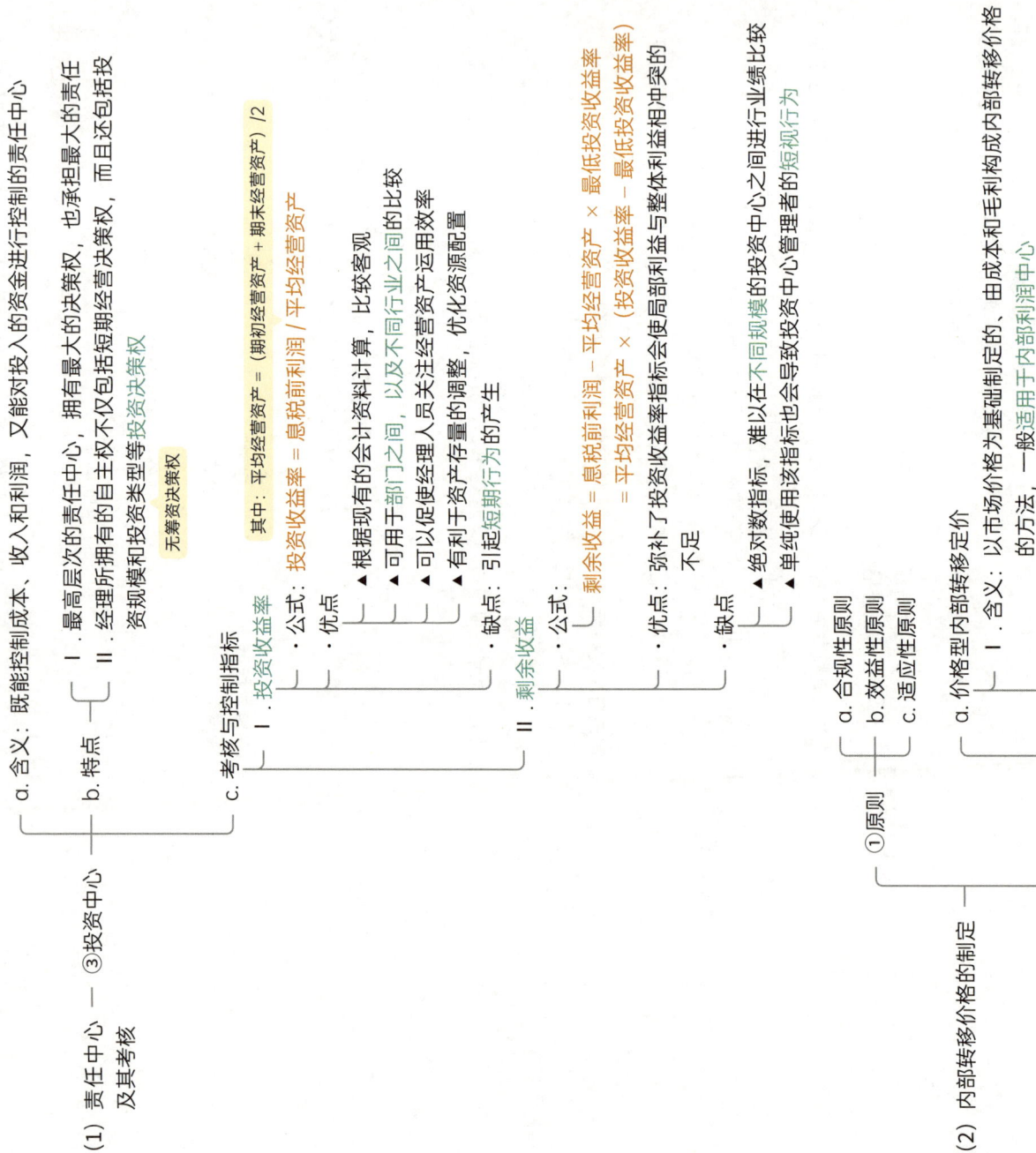

### 责任成本

- (1) 责任中心及其考核 — ③投资中心
  - a. 含义：既能控制成本、收入和利润，又能对投入的资金进行控制的责任中心
  - b. 特点
    - Ⅰ. 最高层次的责任中心，拥有最大的决策权，也承担最大的责任
    - Ⅱ. 经理所拥有的自主权不仅包括短期经营决策权，而且还包括投资规模和投资类型等投资决策权（无筹资决策权）
  - c. 考核与控制指标
    - Ⅰ. 投资收益率（其中：平均经营资产 = （期初经营资产 + 期末经营资产）/2）
      - 公式：投资收益率 = 息税前利润 / 平均经营资产
      - 优点
        - ▲根据现有的会计资料计算，比较客观
        - ▲可用于部门之间，以及不同行业之间的比较
        - ▲可以促使经理人员关注经营资产运用效率
        - ▲有利于资产存量的调整，优化资源配置
      - 缺点：引起短期行为的产生
    - Ⅱ. 剩余收益
      - 公式：
        - 剩余收益 = 息税前利润 − 平均经营资产 × 最低投资收益率
          = 平均经营资产 × （投资收益率 − 最低投资收益率）
      - 优点：弥补了投资收益率指标会使局部利益与整体利益相冲突的不足
      - 缺点
        - ▲绝对数指标，难以在不同规模的投资中心之间进行业绩比较
        - ▲单纯使用该指标也会导致投资中心管理者的短视行为
- (2) 内部转移价格的制定
  - ①原则
    - a. 合规性原则
    - b. 效益性原则
    - c. 适应性原则
  - a. 价格型内部转移定价
    - Ⅰ. 含义：以市场价格为基础制定的、由成本和毛利构成内部转移价格的方法，一般适用于内部利润中心

②类型

II. 计价基础

| 情形描述 | 定价方式 |
| --- | --- |
| 经常外销且外销比例较大的 | 外销价<br>（实际市价） |
| 所提供的产品有外部活跃市场可靠报价 | 活跃市场报价<br>（实际市价） |
| 不对外销售且外部市场没有可靠报价的产品 | 模拟市场价 |
| 企业管理层和有关各方认为不需要频繁变动价格的 | 模拟市场价 |
| 没有外部市场但出于管理需要设置为模拟利润中心 | 生产成本 +<br>一定比例毛利 |

b. 成本型内部转移定价：以标准成本等相对稳定的成本数据为基础，制定内部转移价格的方法，一般适用于内部成本中心

c. 协商型内部转移定价：企业内部供求双方为使双方利益相对均衡，通过协商机制制定内部转移价格的方法，主要适用于分权程度较高的情形（上限是市场价格，下限是单位变动成本）

笔记区

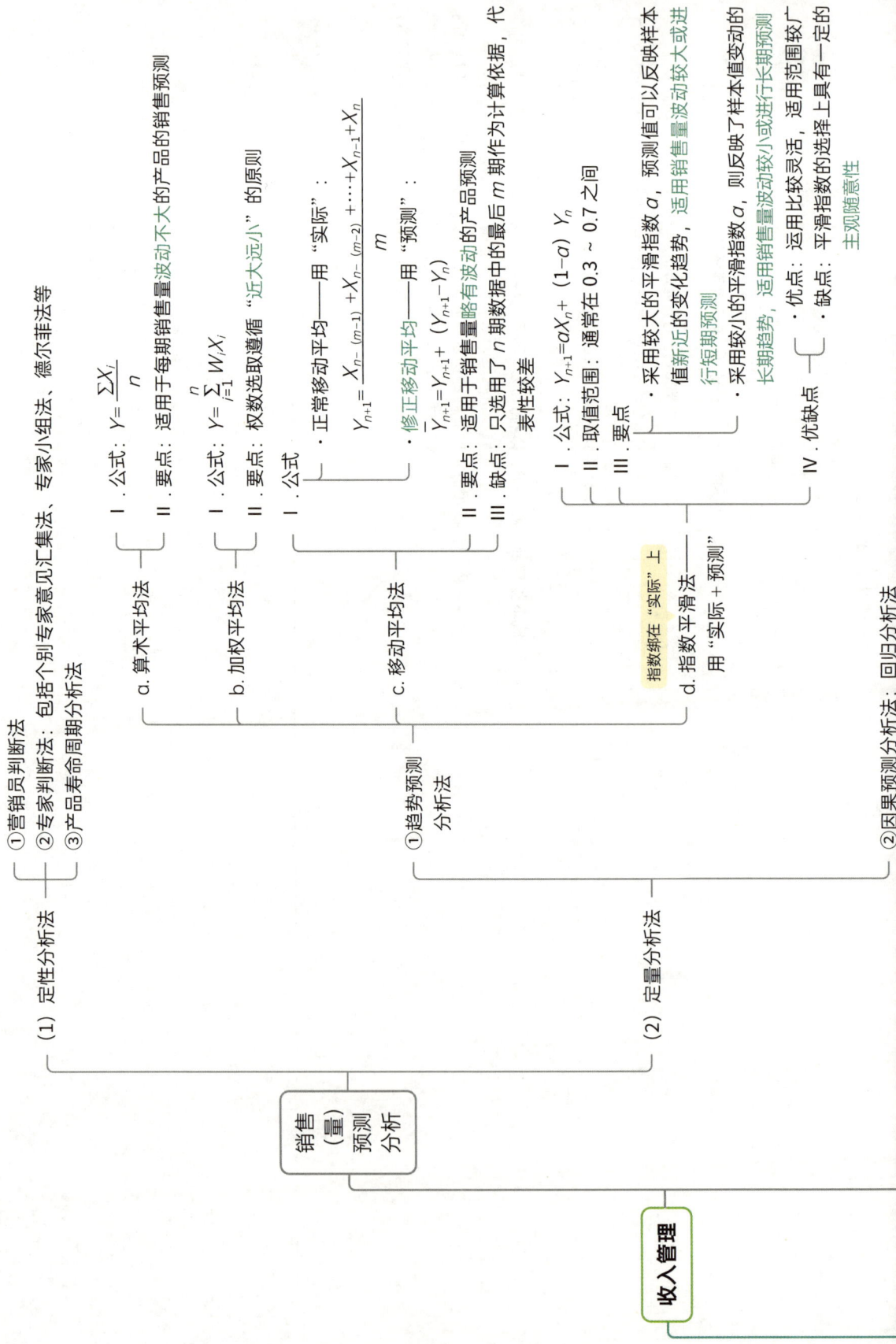

# 收入管理

## 销售（量）预测分析

- (1) 定性分析法
  - ①营销员判断法
  - ②专家判断法：包括个别专家意见汇集法、专家小组法、德尔菲法等
  - ③产品寿命周期分析法
- (2) 定量分析法
  - ①趋势预测分析法
    - a. 算术平均法
      - Ⅰ. 公式：$Y=\frac{\sum X_i}{n}$
      - Ⅱ. 要点：适用于每期销售量波动不大的产品的销售预测
    - b. 加权平均法
      - Ⅰ. 公式：$Y=\sum_{i=1}^{n} W_i X_i$
      - Ⅱ. 要点：权数选取遵循“近大远小”的原则
    - c. 移动平均法
      - Ⅰ. 公式
        - · 正常移动平均——用“实际”：

          $$Y_{n+1}=\frac{X_{n-(m-1)}+X_{n-(m-2)}+\cdots+X_{n-1}+X_n}{m}$$
        - · 修正移动平均——用“预测”：

          $$\overline{Y}_{n+1}=Y_{n+1}+(Y_{n+1}-Y_n)$$
      - Ⅱ. 要点：适用于销售量略有波动的产品预测
      - Ⅲ. 缺点：只选用了 $n$ 期数据中的最后 $m$ 期作为计算依据，代表性较差
    - d. 指数平滑法——用“实际＋预测”（指数绑在“实际”上）
      - Ⅰ. 公式：$Y_{n+1}=aX_n+(1-a)Y_n$
      - Ⅱ. 取值范围：通常在 0.3 ~ 0.7 之间
      - Ⅲ. 要点
        - · 采用较大的平滑指数 $a$，预测值可以反映样本值新近的变化趋势，适用销售量波动较大或进行短期预测
        - · 采用较小的平滑指数 $a$，则反映了样本值变动的长期趋势，适用销售量波动较小或进行长期预测
      - Ⅳ. 优缺点
        - · 优点：运用比较灵活，适用范围较广
        - · 缺点：平滑指数的选择上具有一定的主观随意性
  - ②因果预测分析法：回归分析法

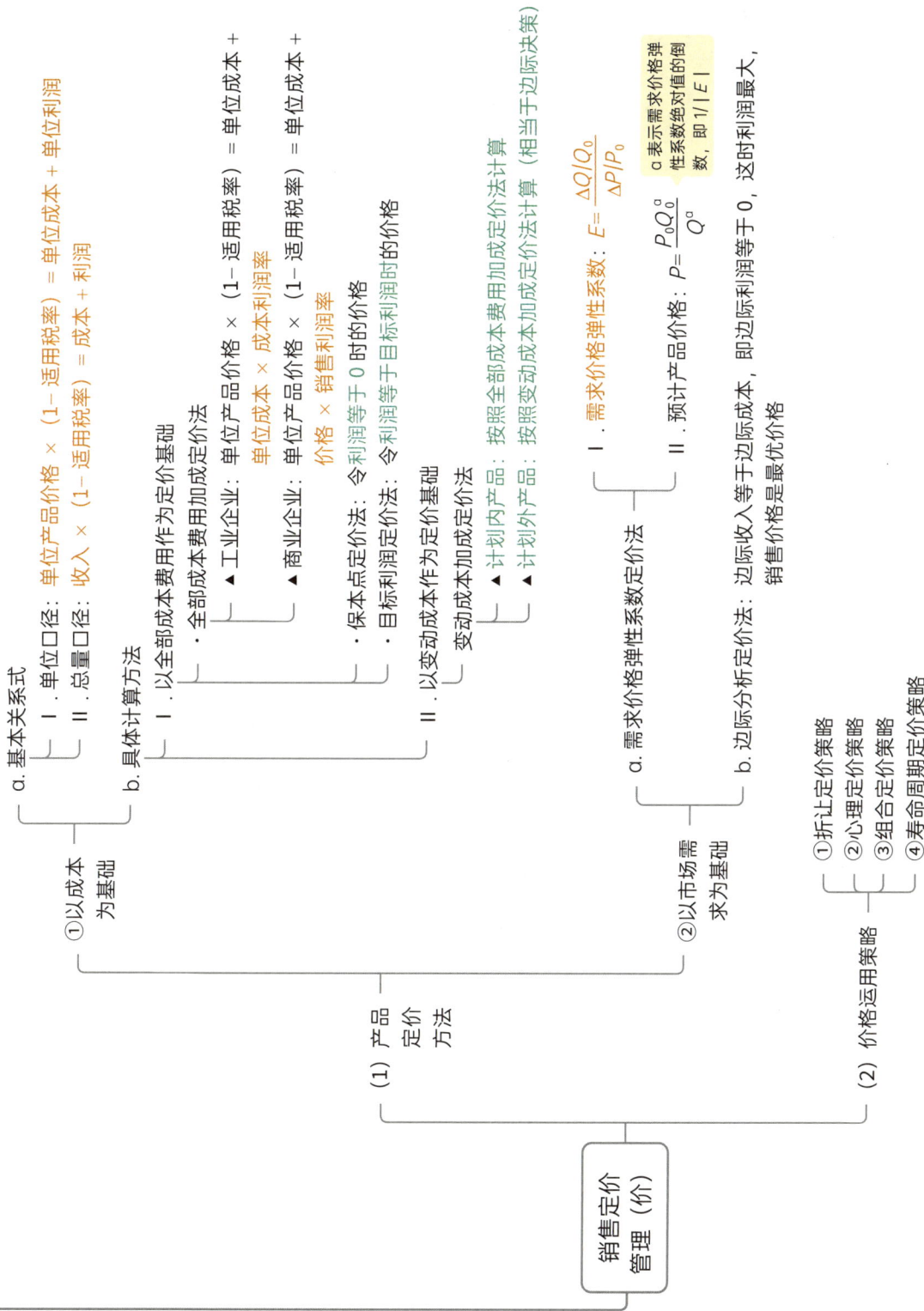

# 收入与分配管理

- 销售定价管理（价）
  - （1）产品定价方法
    - ①以成本为基础
      - a. 基本关系式
        - Ⅰ. 单位口径：单位产品价格 ×（1− 适用税率）= 单位成本 + 单位利润
        - Ⅱ. 总量口径：收入 ×（1− 适用税率）= 成本 + 利润
      - b. 具体计算方法
        - Ⅰ. 以全部成本费用作为定价基础
          - · 全部成本费用加成定价法
            - ▲工业企业：单位产品价格 ×（1− 适用税率）= 单位成本 + 单位成本 × 成本利润率
            - ▲商业企业：单位产品价格 ×（1− 适用税率）= 单位成本 + 价格 × 销售利润率
          - · 保本点定价法：令利润等于 0 时的价格
          - · 目标利润定价法：令利润等于目标利润时的价格
        - Ⅱ. 以变动成本作为定价基础
          - 变动成本加成定价法
            - ▲计划内产品：按照全部成本费用加成定价法计算
            - ▲计划外产品：按照变动成本加成定价法计算（相当于边际决策）
    - ②以市场需求为基础
      - a. 需求价格弹性系数定价法
        - Ⅰ. 需求价格弹性系数：$E=\frac{\Delta Q/Q_0}{\Delta P/P_0}$
        - Ⅱ. 预计产品价格：$P=\frac{P_0Q_0^{\alpha}}{Q^{\alpha}}$（α 表示需求价格弹性系数绝对值的倒数，即 1/｜E｜）
      - b. 边际分析定价法：边际收入等于边际成本，即边际利润等于 0，这时利润最大，销售价格是最优价格
  - （2）价格运用策略
    - ①折让定价策略
    - ②心理定价策略
    - ③组合定价策略
    - ④寿命周期定价策略

# 收入与分配管理

## 纳税管理

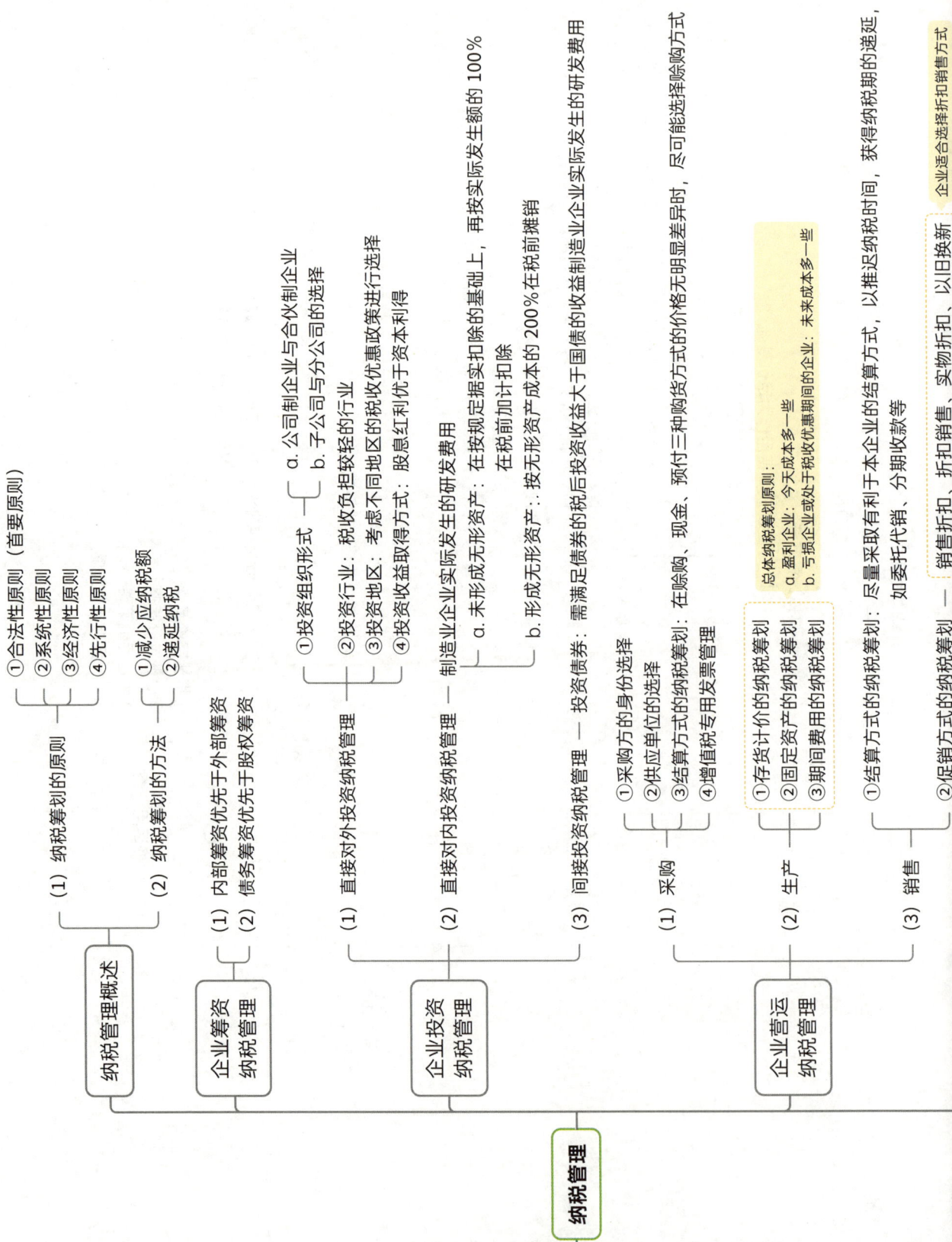

- 纳税管理概述
  - (1) 纳税筹划的原则
    - ①合法性原则（首要原则）
    - ②系统性原则
    - ③经济性原则
    - ④先行性原则
  - (2) 纳税筹划的方法
    - ①减少应纳税额
    - ②递延纳税
- 企业筹资纳税管理
  - (1) 内部筹资优先于外部筹资
  - (2) 债务筹资优先于股权筹资
- 企业投资纳税管理
  - (1) 直接对外投资纳税管理
    - ①投资组织形式
      - a. 公司制企业与合伙制企业
      - b. 子公司与分公司的选择
    - ②投资行业：税收负担较轻的行业
    - ③投资地区：考虑不同地区的税收优惠政策进行选择
    - ④投资收益取得方式：股息红利优于资本利得
  - (2) 直接对内投资纳税管理 — 制造业企业实际发生的研发费用
    - a. 未形成无形资产：在按规定据实扣除的基础上，再按实际发生额的 100% 在税前加计扣除
    - b. 形成无形资产：. 按无形资产成本的 200% 在税前摊销
  - (3) 间接投资纳税管理 — 投资债券：需满足债券的税后投资收益大于国债的收益制造业企业实际发生的研发费用
- 企业营运纳税管理
  - (1) 采购
    - ①采购方的身份选择
    - ②供应单位的选择
    - ③结算方式的纳税筹划：在赊购、现金、预付三种购货方式的价格无明显差异时，尽可能选择赊购方式
    - ④增值税专用发票管理
  - (2) 生产
    - ①存货计价的纳税筹划
    - ②固定资产的纳税筹划
    - ③期间费用的纳税筹划
    - 总体纳税筹划原则：
      - a. 盈利企业：今天成本多一些
      - b. 亏损企业或处于税收优惠期间的企业：未来成本多一些
  - (3) 销售
    - ①结算方式的纳税筹划：尽量采取有利于本企业的结算方式，以推迟纳税时间，获得纳税期的递延，如委托代销、分期收款等
    - ②促销方式的纳税筹划 — 销售折扣、折扣销售、实物折扣、以旧换新
      - 企业适合选择折扣销售方式

- 企业利润分配纳税管理
  - （1）所得税纳税管理
    - ①利润分配的顺序
      - 补亏（5年内的）→ 纳税 → 补亏（5年外的）→ 提取公积金（法定、任意）→ 股利分配
      - 税前利润 → 税前利润 → 税后利润 → 税后利润
    - ②筹划方案
      - Step1：弥补以前年度亏损
        - Ⅰ．五年之内用税前利润连续弥补
        - Ⅱ．五年之后用税后利润弥补
      - Step2：提取法定公积金
        - Ⅰ．提取比例为当年税后（弥补亏损后）利润的 10%
        - Ⅱ．当年法定公积金的累积额已达注册资本的 50% 时，可以不再提取
        - Ⅲ．法定公积金可用于弥补亏损或转增资本
        - Ⅳ．法定公积金转增资本后，法定公积金的余额不得低于转增前公司注册资本的 25%
      - Step3：提取任意公积金
      - Step4：向股东（投资者）分配股利（利润）
        - 发生亏损后，应增加收入或减少可抵扣项目，使应纳税所得额尽可能多，以尽快弥补亏损，获得抵税收益
  - （2）股利分配纳税管理
    - ①自然人股东的纳税筹划
    - ②法人股东的纳税筹划
- 企业重组纳税管理
  - （1）合并
    - ①并购目标企业的选择：有税收优惠政策、亏损、上下游或关联企业
    - ②支付方式
      - a. 股权支付
      - b. 非股权支付
  - （2）分立
    - ①分立方式的选择
      - a. 新设分立
      - b. 存续分立
    - ②支付方式
      - a. 股权支付
      - b. 非股权支付

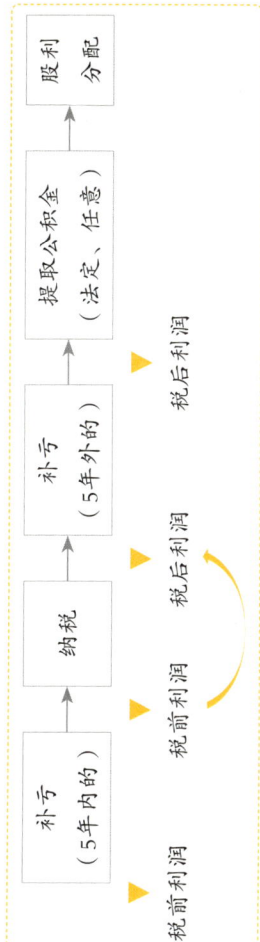

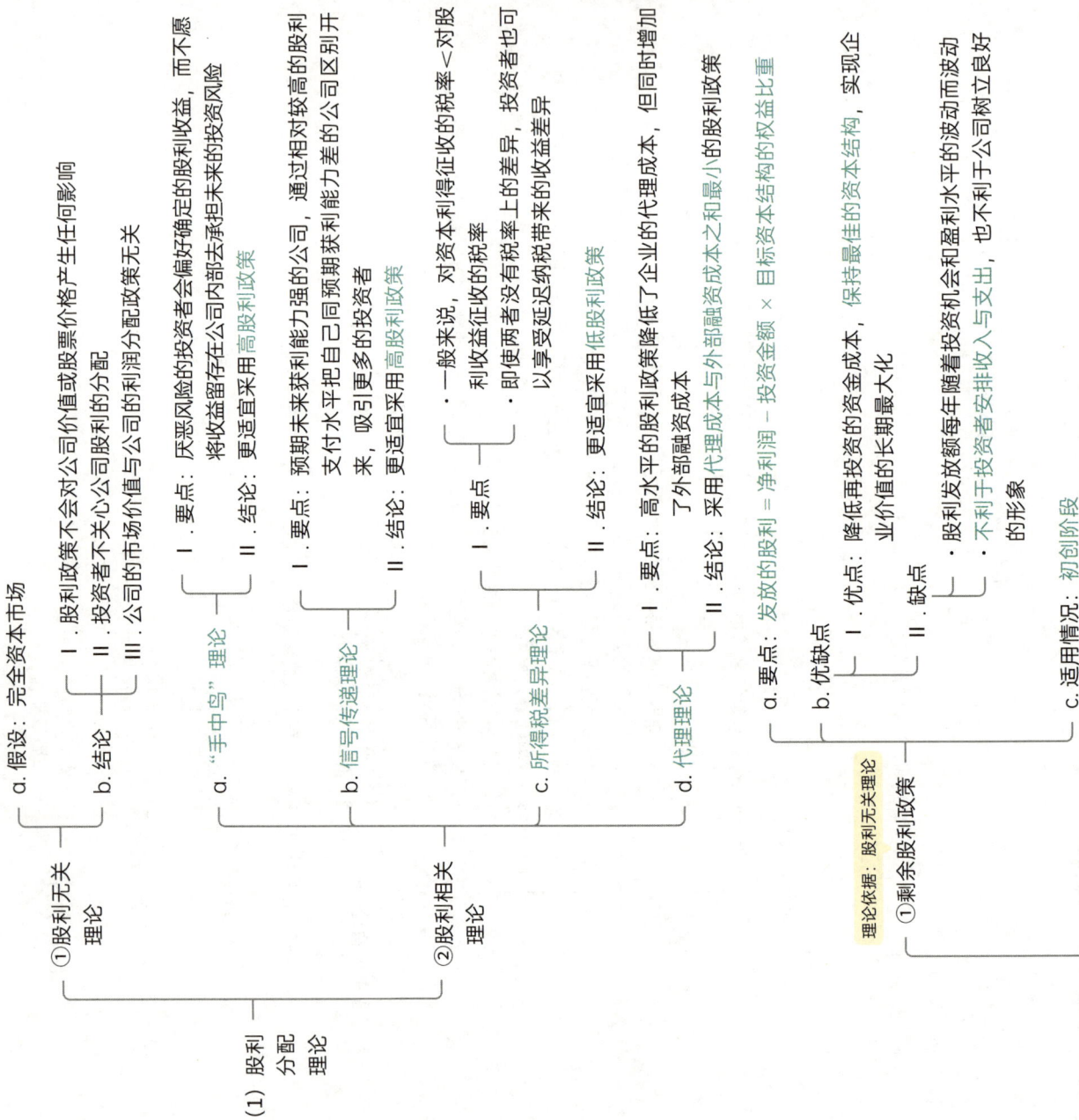

# 收入与分配管理

## 分配管理

### 股利政策与企业价值

- (1) 股利分配理论
  - ①股利无关理论
    - a. 假设：完全资本市场
    - b. 结论
      - Ⅰ. 股利政策不会对公司价值或股票价格产生任何影响
      - Ⅱ. 投资者不关心公司股利的分配
      - Ⅲ. 公司的市场价值与公司的利润分配政策无关
  - ②股利相关理论
    - a. "手中鸟"理论
      - Ⅰ. 要点：厌恶风险的投资者会偏好确定的股利收益，而不愿将收益留存在公司内部去承担未来的投资风险
      - Ⅱ. 结论：更适宜采用高股利政策
    - b. 信号传递理论
      - Ⅰ. 要点：预期未来获利能力强的公司，通过相对较高的股利支付水平把自己同预期获利能力差的公司区别开来，吸引更多的投资者
      - Ⅱ. 结论：更适宜采用高股利政策
    - c. 所得税差异理论
      - Ⅰ. 要点
        - · 一般来说，对资本利得征收的税率<对股利收益征收的税率
        - · 即使两者没有税率上的差异，投资者也可以享受延迟纳税带来的收益差异
      - Ⅱ. 结论：更适宜采用低股利政策
    - d. 代理理论
      - Ⅰ. 要点：高水平的股利政策降低了企业的代理成本，但同时增加了外部融资成本
      - Ⅱ. 结论：采用代理成本与外部融资成本之和最小的股利政策
- ①剩余股利政策

  理论依据：股利无关理论

  - a. 要点：发放的股利 = 净利润 − 投资金额 × 目标资本结构的权益比重
  - b. 优缺点
    - Ⅰ. 优点：降低再投资的资金成本，保持最佳的资本结构，实现企业价值的长期最大化
    - Ⅱ. 缺点
      - · 股利发放额每年随着投资机会和盈利水平的波动而波动
      - · 不利于投资者安排收入与支出，也不利于公司树立良好的形象
  - c. 适用情况：初创阶段

- （2）股利政策
  - ②固定或稳定增长的股利政策
    - a. 要点：将每年派发的股利额固定在某一特定水平或是在此基础上维持某一固定比率逐年稳定增长
    - b. 优缺点
      - Ⅰ. 优点
        - ·稳定的股利向市场传递着公司正常发展的信息，稳定股票的价格
        - ·稳定的股利额有助于投资者安排股利收入和支出，吸引打算进行长期投资并对股利有很高依赖性的股东
        - ·为了将股利或股利增长率维持在稳定的水平上，即使推迟某些投资方案或暂时偏离目标资本结构，也可能比降低股利或股利增长率更为有利
      - Ⅱ. 缺点
        - ·股利的支付与企业的盈利相脱节，可能会导致企业资金紧缺，财务状况恶化
        - ·在企业无利可分的情况下，若依然实施固定或稳定增长的股利政策，也是违反《中华人民共和国公司法》的行为
    - c. 适用情况：经营比较稳定或正处于成长期的企业，但很难被长期采用
  - ③固定股利支付率政策
    - a. 要点：将每年净利润的某一固定百分比（股利支付率）作为股利分派给股东
    - b. 优缺点
      - Ⅰ. 优点
        - ·股利与公司盈余紧密地配合，体现了“多盈多分、少盈少分、无盈不分”的股利分配原则
        - ·从企业的支付能力的角度看，这是一种稳定的股利政策（对投资者而言是不稳定的）
      - Ⅱ. 缺点
        - ·在收益不稳定的情况下，波动的股利容易给投资者带来经营状况不稳定、投资风险较大的不良印象
        - ·容易使公司面临较大的财务压力
        - ·合适的固定股利支付率的确定难度比较大
    - c. 适用情况：处于稳定发展阶段且财务状况也较稳健（充裕的现金流）的公司 变

# 收入与分配管理

## 分配管理

- 股利政策与企业价值
  - (2) 股利政策 — ④低正常股利加额外股利政策
    - a. 要点：事先设定一个较低的正常股利额，每年除了按正常股利额向股东发放股利外，还在公司盈余较多、资金较为充裕的年份向股东发放额外股利
    - b. 优缺点
      - Ⅰ. 优点
        - ·赋予公司较大的灵活性，使公司在股利发放上留有余地，并具有较大的财务弹性
        - ·使那些依靠股利度日的股东每年至少可以得到虽然较低但比较稳定的股利收入，从而吸引住这部分股东
      - Ⅱ. 缺点
        - ·给投资者造成收益不稳定的感觉
        - ·当公司在较长时间持续发放额外股利后，可能会被股东误认为“正常股利”，一旦取消，传递出的信号可能会使股东认为这是公司财务状况恶化的表现，进而导致股价下跌
    - c. 适用情况：盈利随着经济周期而波动较大，或者盈利与现金流量很不稳定的公司
- 利润分配制约因素
  - (1) 法律因素
    - ①资本保全约束
    - ②资本积累约束
    - ③超额累积利润约束
    - ④偿债能力约束
  - (2) 公司因素
    - ①现金流量
    - ②资产的流动性
    - ③盈余的稳定性
    - ④投资机会
    - ⑤筹资因素
    - ⑥其他因素
  - (3) 股东因素
    - ①控制权
    - ②稳定的收入
    - ③避税
  - (4) 其他因素
    - ①债务契约
    - ②通货膨胀
- (1) 股利支付形式
  - ①现金股利：以现金支付的股利，是股利支付最常见的方式；除了要有足够的留存收益外，还要有足够的现金
  - ②财产股利：以现金以外的其他资产支付的股利，如公司所拥有的其他企业的有价证券
  - ③负债股利：以负债方式支付的股利，通常为公司的应付票据或发放公司债券
  - ④股票股利：以增发股票的方式支付的股利，我国公司实务中通常也称其为“红股”

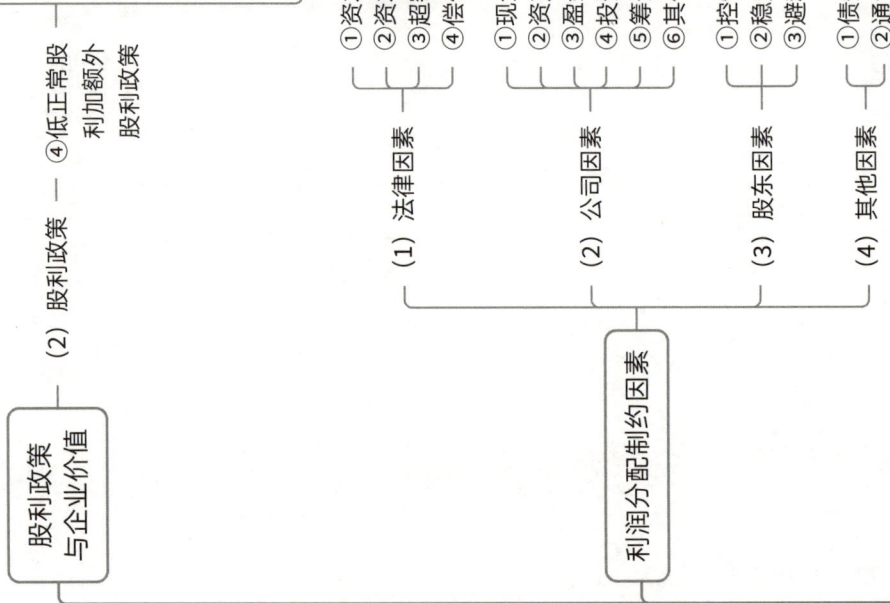

**股利支付形式与程序**

（2）股利支付程序

①股利宣告日：股东会决议通过并由董事会将股利支付情况予以公告的日期

②股权登记日：有权领取本期股利的股东资格登记截止日期，在这一天之后取得股票的股东则无权领取本次分派的股利

③除息日：领取股利的权利与股票分离的日期，除息日的股票价格会下跌

④股利发放日：公司按照公布的分红方案向股权登记日在册的股东实际支付股利的日期

**股票股利、股票分割与股票回购**

（1）股票股利对所有者权益项目的影响金额

| 步骤 | | 按市价计算 | 按面值计算 |
|---|---|---|---|
| 第一步：计算减少的未分配利润（“抠数”） | | 减少的未分配利润<br>= 增发的股数 × 市价<br>= 当前总股数 × 发放比例 × 市价 | 减少的未分配利润<br>= 增发的股数 × 面值<br>= 当前总股数 × 发放比例 × 面值 |
| | | 提示：“未分配利润”是一个金额概念，即“价”和“量”的乘积，市价或面值为“价”，股数为“量” | |
| 第二步：计算对股本和资本公积的影响（“塞数”） | 股本 | 增加的股本 = 当前总股数 × 发放比例 × 面值 | |
| | 资本公积 | 增加的资本公积<br>= 当前总股数 × 发放比例 ×（市价 − 面值） | 0 |

（2）股票股利与股票分割

①股票股利与股票分割的对比

| 项目 | 股票股利 | 股票分割 |
|---|---|---|
| 作用 | a. 对股东：稳定股价或使股价下降比例减小，甚至不降反升，股东便可以获得股票价值相对上升的好处。<br>b. 对公司：不需要向股东支付现金；降低公司股票的市场价格，促进股票交易和流通，吸引投资者，股权更为分散，防止公司被恶意控制；传递公司未来发展前景良好的信息，稳定股票价格 | a. 降低股票价格：可以促进股票的流通和交易；加大对公司股票恶意收购的难度；还可以为公司发行新股做准备（便宜了才有人买）。<br>b. 向市场和投资者传递“公司发展前景良好”的信号，有助于提高投资者对公司股票的信心 |
| 相同点 | a. 股数增加（但股票分割增加的更多）。<br>b. 每股收益和每股市价下降（但股票分割下降的更多）。<br>c. 股东持股比例不变。<br>d. 资产、负债、股东权益总额不变，资本结构不变 | |
| 不同点 | 每股面值不变 | 每股面值变小 |
| | 股东权益结构变化 | 股东权益结构不变 |
| | 属于股利支付方式 | 不属于股利支付方式 |

②股票反分割：降低股票流通性，提高公司股票投资的门槛，向市场传递的信息通常是不利的

# 收入与分配管理

## 分配管理

### 股票股利、股票分割与股票回购

（3）股票回购

①股票回购的动机

- a. 现金股利的替代
- b. 改变公司的资本结构：减少权益资本，提高债务资本的比例
- c. 传递公司信息：认为股票价格被低估，抬高股价
- d. 基于控制权的考虑

②股票回购的影响

- a. 提升公司调整股权结构和管理风险的能力，提高公司整体质量和投资价值
- b. 形成利益共同体，有助于提高投资者回报能力，用于可转债转换所需，可改善公司资本结构
- c. 有助于稳定股价，增强投资者信心
- d. 容易造成资金紧张，降低资产流动性，影响公司的后续发展，但在没有合适的投资项目又持有大量现金的情况下，能更好地发挥货币资金的作用
- e.（上市公司）有利于防止操纵市场、内幕交易等利益输送行为

### 股权激励

| 项目 | 股票期权 | 限制性股票 | 股票增值权 | 业绩股票激励 |
| --- | --- | --- | --- | --- |
| 作为被激励对象，你现在有什么 | 未来以某一个价格（较低的行权价）获得股票的权利，但是现在手上并没有股票 | 一定数量的股票，但被“上锁”了 | 未来获得股价上扬或业绩提升所带来的收益的权利 | 未来直接获得一定数量股票（不是某一价格）或一定数量奖金用于购买股票的权利 |
| 你是否能获得收益取决于什么 | 公司股价、业绩条件、服务期限 | 业绩条件、服务期限 | 公司股价、业绩条件、服务期限 | 业绩条件 |
| 你获得的收益是多少 | 行权日以行权价购买股票、未来再以较高的市场价卖出股票所获得的资本利得 | 解锁日可以将自己手上的股票按照市价卖出去，获得资本利得 | 行权价与行权日市价的差额收益（公司通常直接给现金） | 一定数量的股票或现金 |
| 优点 | （1）降低委托—代理成本（都希望股价上升）。<br>（2）锁定期权人的风险 | 限制期间公司不需要支付现金对价，便能留住人才 | （1）易于操作，行权时直接兑现股票升值部分。<br>（2）审批程序简单 | 激励高管努力完成业绩目标，与原股东拥有共同利益 |
| 缺点 | （1）影响现有股东的权益。<br>（2）遭遇来自股票市场的风险：收入差距过大、追求短期行为 | 缺乏能推动企业股价上涨的激励机制，达不到激励效果，并使股东受损 | （1）激励对象不能获得真正意义上的股票。<br>（2）公司的现金支付压力较大 | （1）业绩目标确定的科学性很难保证。<br>（2）激励成本较高，可能造成公司支付现金的压力 |
| 适用条件 | 初始资本投入较少、资本增值较快、处于成长初期或扩张期的企业（画大饼） | 处于成熟期，股价的上涨空间有限的企业（为了留住人才） | 现金流量比较充裕的非上市公司 | 只对公司的业绩目标进行考核，不要求股价上涨，适合业绩稳定型的上市公司及其集团公司、子公司 |

笔记区

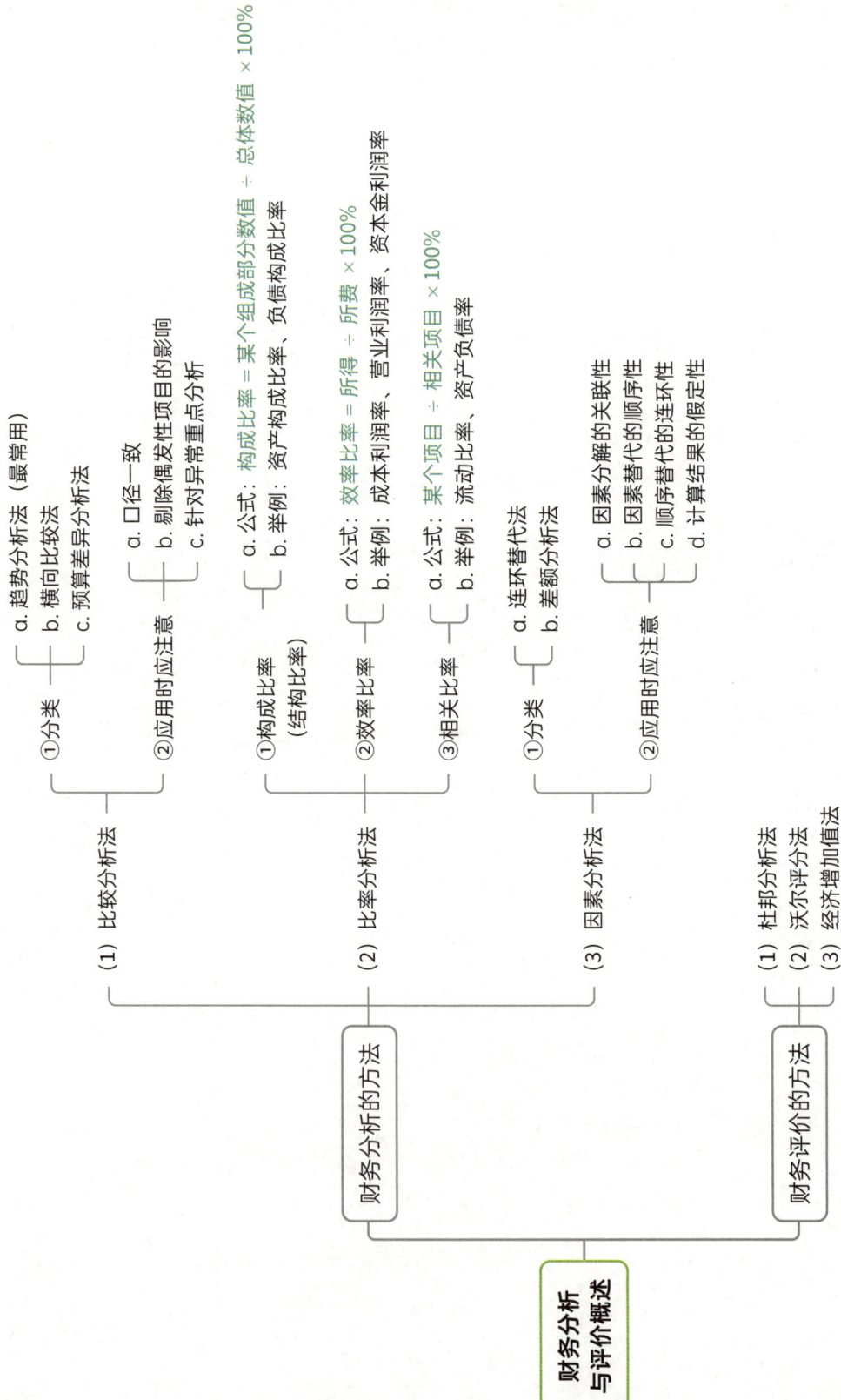

# 第十章 财务分析与评价 （考12分）

- 财务分析与评价概述
  - 财务分析的方法
    - （1）比较分析法
      - ①分类
        - a. 趋势分析法（最常用）
        - b. 横向比较法
        - c. 预算差异分析法
      - ②应用时应注意
        - a. 口径一致
        - b. 剔除偶发性项目的影响
        - c. 针对异常重点分析
    - （2）比率分析法
      - ①构成比率（结构比率）
        - a. 公式：构成比率 = 某个组成部分数值 ÷ 总体数值 × 100%
        - b. 举例：资产构成比率、负债构成比率
      - ②效率比率
        - a. 公式：效率比率 = 所得 ÷ 所费 × 100%
        - b. 举例：成本利润率、营业利润率、资本金利润率
      - ③相关比率
        - a. 公式：某个项目 ÷ 相关项目 × 100%
        - b. 举例：流动比率、资产负债率
    - （3）因素分析法
      - ①分类
        - a. 连环替代法
        - b. 差额分析法
      - ②应用时应注意
        - a. 因素分解的关联性
        - b. 因素替代的顺序性
        - c. 顺序替代的连环性
        - d. 计算结果的假定性
  - 财务评价的方法
    - （1）杜邦分析法
    - （2）沃尔评分法
    - （3）经济增加值法

# 财务分析与评价

## 基本的财务报表分析

### 偿债能力分析

- （1）短期偿债能力分析
  - ①营运资金
    - a. 公式：营运资金 = 流动资产 − 流动负债
    - b. 要点：绝对数指标，不便于不同企业之间的比较
  - ②流动比率
    - a. 公式：流动比率 = 流动资产 ÷ 流动负债
    - b. 要点
      - Ⅰ. 并非越高越好
      - Ⅱ. 营业周期、存货和应收账款的变现能力是影响流动比率可信度的重要因素
      - Ⅲ. 必须与同行业平均水平、本企业历史水平对比，才能判断高低
      - Ⅳ. 只能大致反映流动资产整体的变现能力
  - ③速动比率
    - a. 公式：速动比率 = 速动资产 ÷ 流动负债
    - b. 要点
      - Ⅰ. 速动资产包括货币资金、交易性金融资产、衍生金融资产和各种应收款项
      - Ⅱ. 并非越高越好
      - Ⅲ. 应收账款的变现能力是影响速动比率可信度的重要因素
      - Ⅳ. 速动比率受行业特征影响
  - ④现金比率
    - a. 公式：现金比率 =（货币资金 + 交易性金融资产）÷ 流动负债
    - b. 要点
      - Ⅰ. 并非越高越好
      - Ⅱ. 剔除了应收账款对偿债能力的影响
      - Ⅲ. 是最能反映企业直接偿付流动负债的能力

笔记区

## 财务分析与评价

### 偿债能力分析

(2) 长期偿债能力分析

- ①资产负债率
  - a. 公式：资产负债率 = 负债总额 ÷ 资产总额 × 100%
  - b. 要点：比率越低，表明长期偿债能力越强
- ②产权比率
  - a. 公式：产权比率 = 负债总额 ÷ 所有者权益 × 100%
  - b. 要点
    - Ⅰ. 比率越低，表明长期偿债能力越强
    - Ⅱ. 反映企业财务结构是否稳定，债权人资本受股东权益保障的程度
- ③权益乘数
  - a. 公式：权益乘数 = 总资产 ÷ 股东权益
  - b. 要点：企业存在负债时，权益乘数大于 1，企业负债比例越高，权益乘数越大

同向变动、反向指标、相互转换

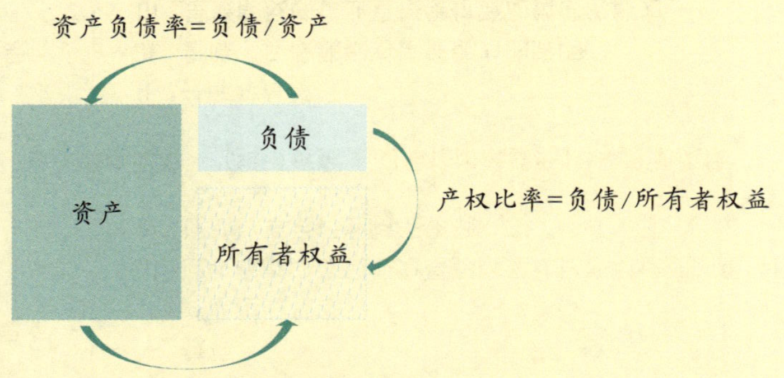


- ④利息保障倍数
  - a. 公式：利息保障倍数 = 息税前利润 ÷ 应付利息
    - Ⅰ. 分子：息税前利润 = 净利润 + 所得税 + 利润表中的利息费用
    - Ⅱ. 分母：应付利息（本期发生的全部应付利息）= 财务费用中的利息费用 + 计入固定资产成本的资本化利息
  - b. 要点
    - Ⅰ. 比率越高，长期偿债能力越强
    - Ⅱ. 从长期看，利息保障倍数至少应大于 1

(3) 影响偿债能力的其他因素（表外因素）

- ①可动用的银行贷款指标或授信额度
- ②资产质量
- ③或有事项和承诺事项

- 基本的财务报表分析
  - 营运能力分析
    - (1) 应收账款周转率
      - ①公式
        - a. 应收账款周转率（次数）$=\dfrac{营业收入}{应收账款平均余额}=\dfrac{营业收入}{(期初应收账款+期末应收账款)\div 2}$
        - b. 应收账款周转天数 = 计算期天数 ÷ 应收账款周转次数
          = 计算期天数 × 应收账款平均余额 ÷ 营业收入
      - ②指标要点
        - a. 分子—营业收入 — 由于"赊销收入"取得不易，故使用营业收入 （变）
        - b. 分母—应收账款平均余额
          - Ⅰ．包括应收票据及应收账款等全部赊销账款
          - Ⅱ．未扣除坏账准备
          - Ⅲ．最好使用多个时点的平均数，以减少季节性、偶然性和人为因素的影响
      - ③结论
        - a. 反映应收账款的周转速度及管理效率，可同时反映短期偿债能力和营运能力
        - b. 周转次数多（或周转天数少）表明
          - Ⅰ．企业收账迅速、信用销售管理严格
          - Ⅱ．应收账款流动性强，增强企业短期偿债能力
          - Ⅲ．减少收账费用、坏账损失，相对增加企业流动资产的投资收益
    - (2) 存货周转率

      只有存货周转率使用"营业成本"计算，其余周转率均使用"营业收入"计算

      - ①公式
        - a. 存货周转率（次数）$=\dfrac{营业成本}{存货平均余额}=\dfrac{营业成本}{(期初存货+期末存货)\div 2}$
        - b. 存货周转天数 = 计算期天数 ÷ 存货周转次数
          = 计算期天数 × 存货平均余额 ÷ 营业成本
      - ②结论
        - a. 存货周转速度越快，存货转化为现金或应收账款的速度越快，从而增强企业的短期偿债能力及盈利能力
        - b. 应注意行业的可比性
    - (3) 流动资产周转率
      - ①公式
        - a. 流动资产周转率（次数）$=\dfrac{营业收入}{流动资产平均余额}=\dfrac{营业收入}{(期初流动资产+期末流动资产)\div 2}$
        - b. 流动资产周转天数 = 计算期天数 ÷ 流动资产周转次数
          = 计算期天数 × 流动资产平均余额 ÷ 营业收入净额
      - ②结论 — 周转天数越少（周转次数越多），流动资产利用效果越好，可相对节约流动资产，增强盈利能力

# 财务分析与评价

## 基本的财务报表分析

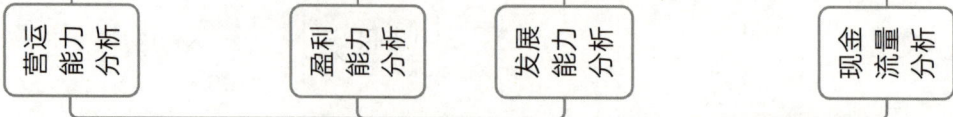

- 营运能力分析
  - (4) 固定资产周转率
    - ①公式：固定资产周转率（次数）$=\frac{\text{营业收入}}{\text{平均固定资产}}=\frac{\text{营业收入}}{（\text{期初固定资产}+\text{期末固定资产}）\div 2}$
    - ②结论 — 周转率高，说明企业固定资产投资得当，结构合理，利用效率高，营运能力强
  - (5) 总资产周转率
    - ①公式：总资产周转率（次数）$=\frac{\text{营业收入}}{\text{平均总资产}}$
    - ②结论
      - a. 用来衡量企业资产整体的使用效率
      - b. 应结合各项资产的周转情况，以发现影响企业资产周转的主要因素
- 盈利能力分析
  - (1) 营业毛利率 = 营业毛利 ÷ 营业收入 ×100%
  - (2) 营业净利率 = 净利润 ÷ 营业收入 ×100%
  - (3) 总资产净利率 = 净利润 ÷ 平均总资产 ×100%
  - (4) 净资产收益率（权益净利率）= 净利润 ÷ 平均所有者权益 ×100%
- 发展能力分析
  - (1) 营业收入增长率 = 本年营业收入增长额 ÷ 上年营业收入 ×100%
  - (2) 营业利润增长率 = 本年营业利润增长额 ÷ 上年营业利润总额 ×100%
  - (3) 总资产增长率 = 本年资产增长额 ÷ 年初资产总额 ×100%
  - (4) 所有者权益增长率 = 本年所有者权益增长额 ÷ 年初所有者权益 ×100%
  - (5) 资本保值增值率 = 扣除客观增减因素后所有者权益的期末总额 ÷ 所有者权益的期初总额 ×100% 变
- 现金流量分析
  - (1) 获取现金能力分析
    - ①营业现金比率 = 经营活动现金流量净额 ÷ 营业收入
    - ②每股营业现金净流量 = 经营活动现金流量净额 ÷ 普通股股数
    - ③全部资产现金回收率 = 经营活动现金流量净额 ÷ 平均总资产 ×100%
  - (2) 收益质量分析
    - ①净收益营运指数 = 经营净收益 ÷ 净利润 =（净利润 − 非经营净收益）÷ 净利润
    - ②现金营运指数 = 经营活动现金流量净额 ÷ 经营所得现金

- (3) 各指标之间的关系
  - 净利润
  - −非经营净收益
  - =经营净收益
  - （净利润 ÷ 经营净收益）=净收益营运指数
  - +非付现费用
  - =经营所得现金
  - +经营资产减少/−经营资产增加
  - −经营负债减少/+经营负债增加
  - =经营活动现金流量净额
  - （经营所得现金 ÷ 经营活动现金流量净额）=现金营运指数
  - 经营活动现金流量净额 ÷ 收入=营业现金比率
  - 经营活动现金流量净额 ÷ 股数=每股营业现金净流量
  - 经营活动现金流量净额 ÷ 平均总资产=全部资产现金回收率

**上市公司财务分析** — 上市公司特殊财务分析指标

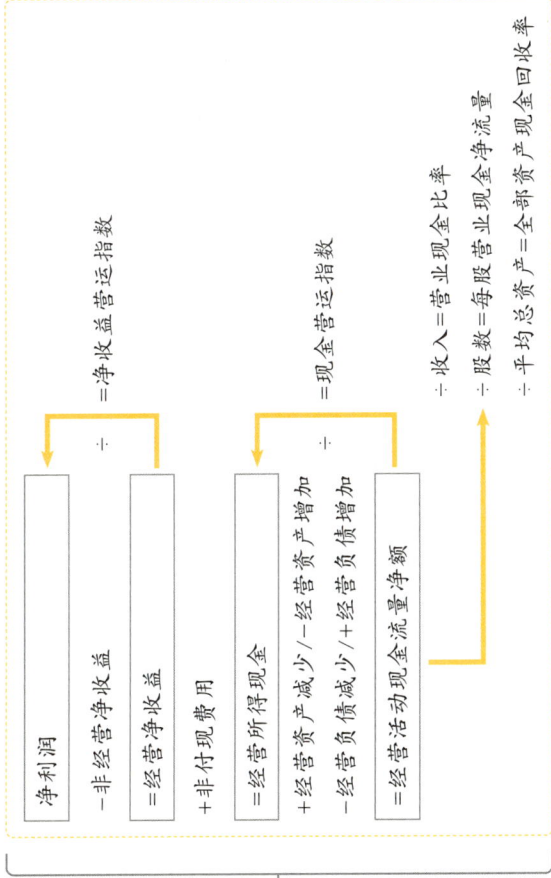

- (1) （普通股）每股收益
  - ①基本每股收益
    - a. 公式
      - Ⅰ. 基本每股收益 = 归属于公司普通股股东的净利润 ÷ 发行在外的普通股加权平均数
      - Ⅱ. 发行在外的普通股加权平均数 = 期初发行在外普通股股数 + 当期新发行普通股股数 × 已发行时间 ÷ 报告期时间 − 当期回购普通股股数 × 已回购时间 ÷ 报告期时间
    - b. 要点
      - Ⅰ. 股数是否加权计算
        - 导致股东权益总额发生变动的股数变动：按照“时间”进行加权计算，如增发股票、股份回购、配股
        - 未导致股东权益总额发生变动的股数变动：不需要加权计算，如发放股票股利（送红股）、进行股票分割、资本公积转增股本
      - Ⅱ. 反映了投资者可望获得的最高股利收益
      - Ⅲ. 每股收益多，表明投资价值越大，但并不意味着每股股利多

# 财务分析与评价

## 上市公司财务分析

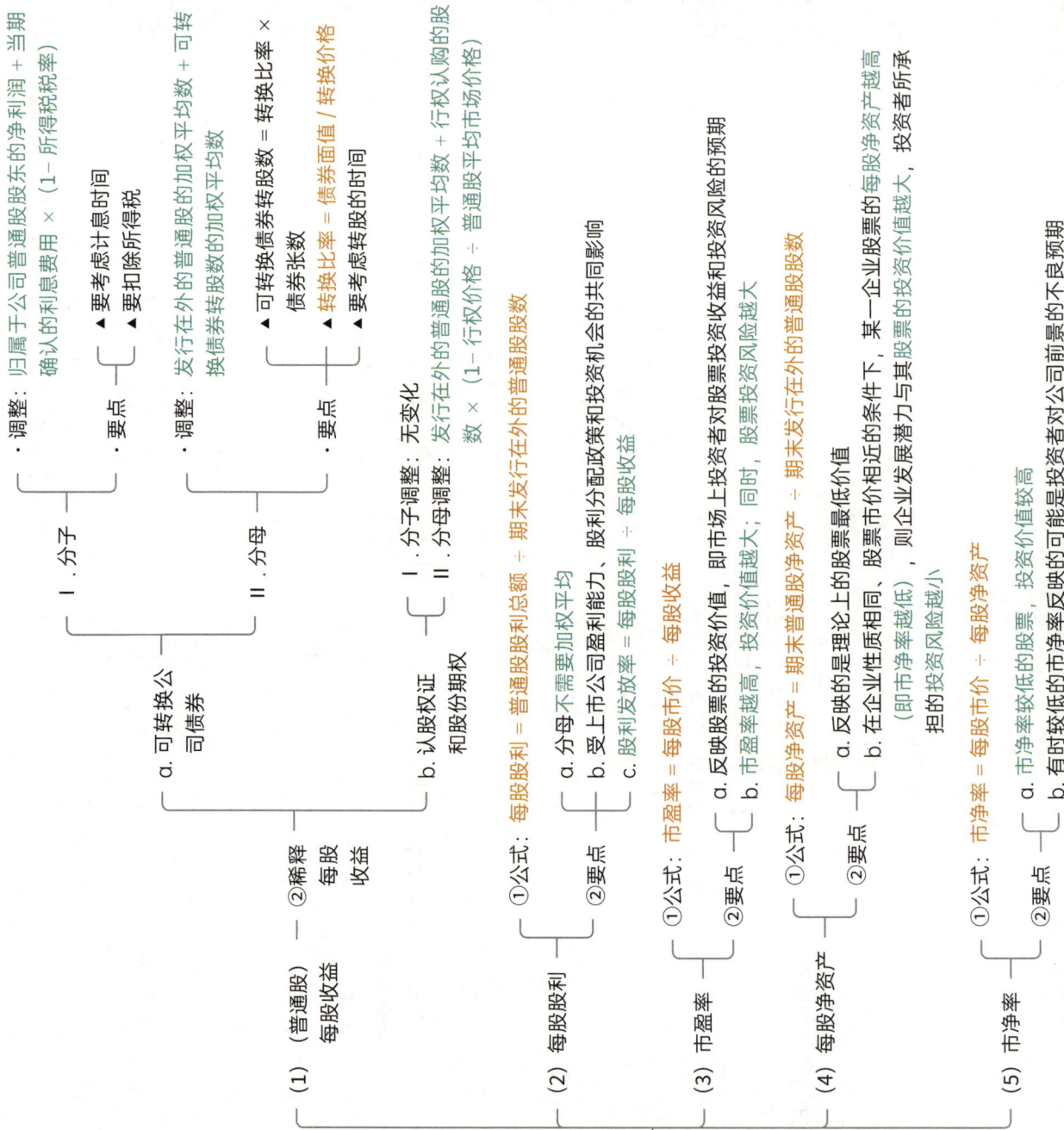

### 上市公司特殊财务分析指标

- (1)（普通股）每股收益
  - ②稀释每股收益
    - a. 可转换公司债券
      - Ⅰ. 分子
        - 调整：归属于公司普通股股东的净利润 + 当期确认的利息费用 ×（1－所得税税率）
        - 要点
          - ▲要考虑计息时间
          - ▲要扣除所得税
      - Ⅱ. 分母
        - 调整：发行在外的普通股的加权平均数 + 可转换债券转股数的加权平均数
        - 要点
          - ▲可转换债券转股数 = 转换比率 × 债券张数
          - ▲转换比率 = 债券面值 / 转换价格
          - ▲要考虑转股的时间
    - b. 认股权证和股份期权
      - Ⅰ. 分子调整：无变化
      - Ⅱ. 分母调整：发行在外的普通股的加权平均数 + 行权认购的股数 ×（1－行权价格 ÷ 普通股平均市场价格）
- (2) 每股股利
  - ①公式：每股股利 = 普通股股利总额 ÷ 期末发行在外的普通股股数
  - ②要点
    - a. 分母不需要加权平均
    - b. 受上市公司盈利能力、股利分配政策和投资机会的共同影响
    - c. 股利发放率 = 每股股利 ÷ 每股收益
- (3) 市盈率
  - ①公式：市盈率 = 每股市价 ÷ 每股收益
  - ②要点
    - a. 反映股票的投资价值，即市场上投资者对股票投资收益和投资风险的预期
    - b. 市盈率越高，投资价值越大；同时，股票投资风险越大
- (4) 每股净资产
  - ①公式：每股净资产 = 期末普通股净资产 ÷ 期末发行在外的普通股股数
  - ②要点
    - a. 反映的是理论上的股票最低价值
    - b. 在企业性质相同、股票市价相近的条件下，某一企业股票的每股净资产越高（即市净率越低），则企业发展潜力与其股票的投资价值越大，投资者所承担的投资风险越小
- (5) 市净率
  - ①公式：市净率 = 每股市价 ÷ 每股净资产
  - ②要点
    - a. 市净率较低的股票，投资价值较高
    - b. 有时较低的市净率反映的可能是投资者对公司前景的不良预期

- 管理层讨论与分析
  - （1）原则：强制与自愿相结合
  - （2）内容
    - ①报告期间经营业绩变动的解释
    - ②企业未来发展的前瞻性信息

## 财务评价与考核

- 企业综合绩效分析的方法
  - （1）杜邦分析法
    - ①基本框架 — 权益净利率 = $\frac{净利润}{股东权益}$

      $= \frac{净利润}{总资产} \times \frac{总资产}{股东权益} = 总资产净利率 \times 权益乘数$

      $= \frac{净利润}{营业收入} \times \frac{营业收入}{总资产} \times \frac{总资产}{股东权益}$

      $= 营业净利率 \times 总资产周转次数 \times 权益乘数$
    - ②指标解读
      - a. 净资产收益率是一个综合性最强的财务分析指标，是杜邦分析体系的起点
      - b. 营业净利率反映企业净利润与营业收入的关系，其高低取决于营业收入与成本总额的高低
      - c. 影响总资产周转率的一个重要因素是资产的结构
      - d. 权益乘数主要受资产负债率的影响，反映资本结构
  - （2）沃尔分析法
    - ①基本原理
      - Step1：选择七种财务比率
        - a. 流动比率
        - b. 净资产 / 负债
        - c. 资产 / 固定资产
        - d. 营业成本 / 存货
        - e. 营业收入 / 应收账款
        - f. 营业收入 / 固定资产
        - g. 营业收入 / 净资产
      - Step2：给定其在总评价中所占的比重，总和为 100 分
      - Step3：确定标准比率
      - Step4：将标准比率与实际比率相比较，评出每项指标的得分，求出总评分
    - ②局限性
      - a. 未能证明为什么要选择这七个指标
      - b. 每个指标所占比重的合理性
      - c. 当某一个指标严重异常时，会对综合指数产生不合逻辑的重大影响

# 财务分析与评价

## 财务评价与考核

### 企业综合绩效分析的方法

- (2) 沃尔分析法
  - ③现代沃尔评分法：盈利能力→偿债能力→成长能力（5 ∶ 3 ∶ 2）
    - a. 盈利能力：总资产收益率、营业净利率和净资产收益率（2 ∶ 2 ∶ 1）
    - b. 偿债能力：有四个常用指标
    - c. 成长能力：有三个常用指标
- (3) 经济增加值法
  - ①公式：经济增加值 = 税后净营业利润 − 平均资本占用 × 加权平均资本成本
  - ②要点
    - a. 经济增加值为正，表明经营者在为企业创造价值
    - b. 经济增加值为负，表明经营者在损毁企业价值
  - ③优点及局限性
    - a. 优点：考虑了所有资本的成本
    - b. 局限性
      - Ⅰ. 无法衡量企业长远发展战略的价值创造
      - Ⅱ. 无法对企业进行综合评价
      - Ⅲ. 可比性较差
      - Ⅳ. 尚存许多争议，不利于建立统一规范

### 综合绩效评价

- (1) 财务绩效定量评价（70%）
  - ①盈利能力状况
    - a. 基本指标：净资产收益率、总资产收益率
    - b. 修正指标：销售利润率、利润现金保障倍数、成本费用利润率、资本收益率
  - ②资产质量状况
    - a. 基本指标：总资产周转率、应收账款周转率
    - b. 修正指标：不良资产比率、流动资产周转率、资产现金回收率
  - ③债务风险状况
    - a. 基本指标：资产负债率、已获利息倍数
    - b. 修正指标：速动比率、现金流动负债比率、带息负债比率、或有负债比率
  - ④经营增长状况
    - a. 基本指标：销售增长率、资本保值增值率
    - b. 修正指标：销售利润增长率、总资产增值率、技术投入比率
- (2) 管理绩效定性评价（30%） — 评议指标：战略管理、发展创新、经营决策、风险控制、基础管理、人力资源、行业影响、社会贡献